KB233600

고질적인 **부인병** 쉽게 해결하기

고질적인 **부인병**
쉽게 해결하기

하남출판사

머리말

현대사회는 날이 갈수록 인스턴트나 화학조미료를 재료로 한 식품의 증가와 환경호르몬, 전자파 등의 유해환경의 증가, 각종 스트레스적인 요인의 범람으로 여성의 질병이 갈수록 다양해지고 복잡해지고 있다. 또한 부인병의 특성상 많은 여성 환자들이 병원에 가기를 꺼려하거나 그 자체를 두려워하여 치료과정 중에 중도포기하는 경우도 주변에서 흔히 볼 수가 있다. 그러므로 이러한 부인과 질환을 다루는 병원이 무수히 많을 수밖에 없다.

지금까지 우리는 너무나 비싼 거액을 지불하고 한약을 지어 먹어 왔다. 모든 이들에게 있어서 한약이란 개념은 고가의 값비싼 약의 대명사로 여겨져 왔음이 분명하다. 또한 일부 전문가들의 고유 영역으로 취급되었기 때문에 아무도 그 영역에 도전해보지 못하고 속수무책으로 비싼 값에 지어 먹어야만 했다.

지금에 와서 저자가 전문가 영역에 뛰어들어 이 책을 쓰게 된 것

도 모두 이러한 이유에서 이다. 이미 정부기관인 〈식품의약품안전청〉에서는 지금까지 의약품으로만 취급되었던 한약재 200여종을 식품 재료에 있어 원재료 및 부재료로 사용할 수 있도록 허용하였다. 다시 말하면 의학적인 임상실험의 결과 우리 인체에 아무런 해가 없다고 판단되어 내린 기준안(案)이기 때문에 앞으로는 누구나가 쉽고 저렴한 가격에 약을 먹을 수 있는 것이다.

그렇다고 해서 저자가 모든 한약재가 여기에 해당된다고 말하지 않는다. 계속해서 인체에 해가 되지 않는 범위 내에서 사용할 수 있는 약재에 대한 연구는 지금도 꾸준히 진행되고 있으며 머지않아 더 많은 약재가 식품으로 사용될 수 있는 시기가 오리라 생각된다.

그간에 저자는 중국, 일본, 몽골 등의 여러 동남아 국가를 체험하였다. 이 책은 그동안의 많은 경험의 결과이자 소산물이기도 하다. 그러한 체득의 결과를 독자 여러분들에게 전하고자 하는 것이니 다소나마 건강회복에 도움이 되기를 바란다.

신불산에서 남산

머리말

1 장. 건강의 조건

2 장. 부인과질병

3장. 임신과 출산

1. 임신

2. 소산

4장. 산후관리

4. 보충

법제는 왜 하는가

　이 책의 증상별 각 처방을 보면 예를 들어 '백출 1냥(모래에 볶는다), 백작 5돈(술에 볶는다) 등의 설명이 되어있다. 이는 한방에서 약의 성질을 좀 달리 할 때 정해진 방법대로 가공하는 법제(法製)를 설명해놓은 것이다. 이로써 법제의 이유와 그로 인한 작용과 효능을 설명하여 독자들의 이해를 돕고자 한다.

　한약의 법제 방법은 동의학 이론에 근거하여 약제마다 필요로 하는 조제와 제제의 방법에 따른 약재의 제약 가공기술이다. 한약의 약효는 각 약제가 가지고 있는 성분이 법제를 통해 화학성분의 성질과 함량의 변화를 가져오게 한다. 즉 한약의 상호간의 배합을 효과적으로 응용하는 것에 기초를 둔다고 할 수 있다.

1. 약물의 독성이나 부작용을 제거 및 감소시킨다.
2. 약효를 증가시킨다.
3. 약성을 완만하게 변화시킨다.
4. 환자들의 복용에 도움을 준다.
5. 약물의 순정도를 높인다.
6. 약물을 달였을 때 필요한 성분을 쉽게 얻게 한다.
7. 약물의 제제나 조제를 원활히 한다.

1장 건강의 조건

1. 건강에서 차지하는 식품

2. 인간은 자연으로 돌아가야 한다.

3. 건강과 영양소

4. 무엇을 얼마나 먹어야 하나

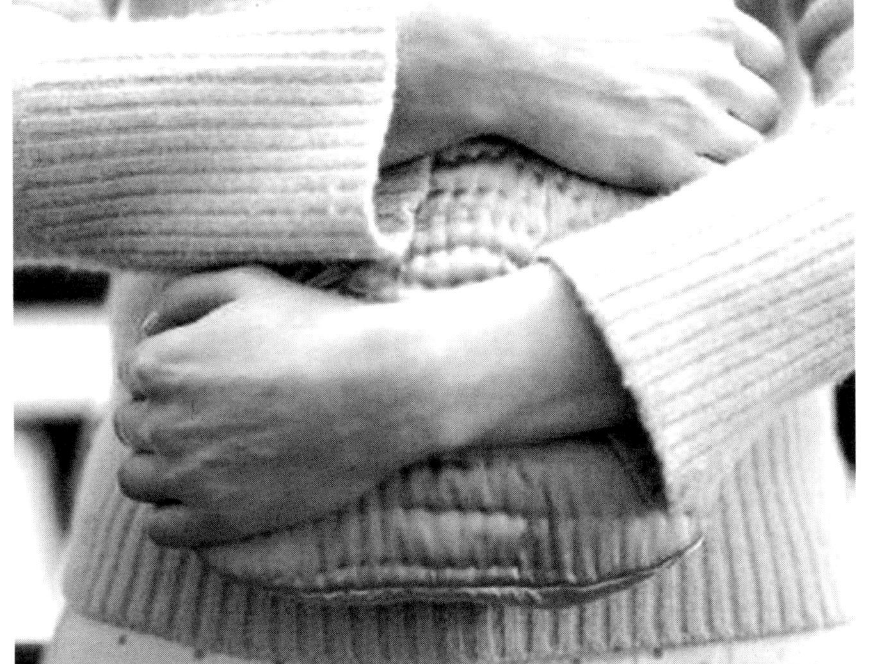

지금부터 설명되는 모든 처방의 예시 중 다소 현 시대와 동떨어져 있거나 생소한 것이 있을 수도 있다. 그러나 약물남용과 오염으로 만연된 오늘날 다시금 되돌아볼 수 있게 하는 옛 선인들의 번뜩이는 지혜는 세월이 무수히 지난 지금에 와서도 명약(名藥)으로 사용되고 있음을 알린다. 또한 그간 나를 찾아왔던 숱한 세인들을 대상으로 얻어낸 다년간의 임상실험의 결과이기도 하다.

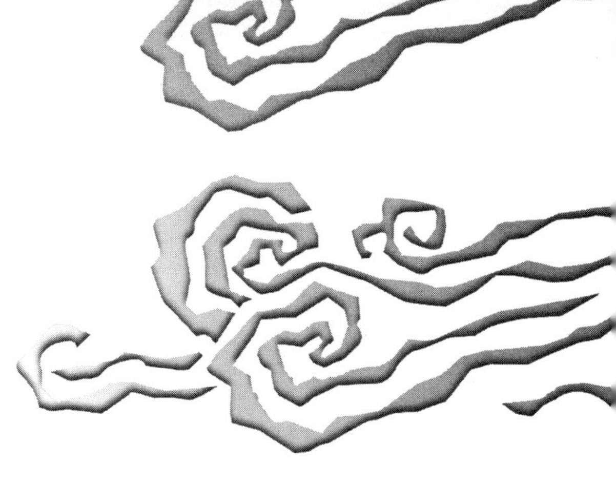

저자는 이 책에서 여성들에 필수적으로 필요한 부인과 질병과 그에 따른 치료법 및 건강관리법을 많이 수록해 놓았다. 이는 비단 여성들에게만 국한된 것이라고 할 수 없다. 그러나 여성은 남성에 비해서 〈자궁(子宮)〉이라는 장기가 하나 더 있기 때문에 그만큼 신중을 기해야 한다. 부인병이라 함은 자궁 및 난소와 관계된 월경 및 임신 아울러 출산과 갱년기까지 포함된 아주 폭넓고도 까다로운 질병이다.

그 발병원인은 주로 식품이나 환경에 의해서 발생된다. 이 책에서는 그 중에서도 특히 식품과 관련한 건강관리에 대해서 언급하였다.

이미 머리말에서 밝혔듯이 지금까지는 한약재가 한의사나 한약사들에 의해 고유적인 권한으로서 절대적으로 전문가의 지시를 받거나 진찰을 받아서 처방되어왔다. 그러나 최근에 와서 약재의 성분 및 효능 등이 객관적으로 증명되었다. 이에 이 책을 읽는 독자 여러분들께서도 쉽게 자신의 병을 정확하게 판단하시어 자기 증상에 맞는 약을 골라서 시중의 한약건재상에서 직접 구입해 먹을 수 있다고 생각했기 때문에 이 책을 쓰게 된 것이다.

또한 저자는 수도하는 수도승이기 때문에 사찰이나 깊은 산속에서 스스로 자기 자신의 건강관리를 해오던 고승들의 비법을 잘 알고 있다. 이 책에 수록된 모든 처방들은 모두 그러한 비법을 간추린 것으로써 그간 찾아오는 많은 신도들을 통해서 시험한 결과 아주 좋은 효능을 보았기 때문에 엄선하여 수록한 것이다.

옛날이나 지금이나 산속에 있는 수도승들은 솔잎을 씹어 먹기도 하고 이슬로 입가심을 하면서 자연과 더불어 살기를 갈망하며 수도하고 있다. 이 말은 즉 속세를 등지고 심신을 편안하게 함으로써 좀 더 건강하고 편안하고 오래 살아보겠다는 인간의 소박한 욕망을 실천에 옮긴 것이라 할 수 있다. 이처럼 인간은 누구나가 할 것 없이 건강하게 오래 살고 싶어 한다. 이러한 마음은 삶을 살아갈수록 더할 것이다.

독자 여러분들도 아무리 과학이 발달되고 편안한 생활을 하고 있는 현대에 살고 있지만 이 같은 욕망은 누구나가 다 가지고 있을 것이다. 그렇다면 오래 산다는 것 다시 말해 장수의 전제조건이 되는 건강이란 도대체 무엇일까?

이 질문에 대한 해답은 바로 건강의 정의가 될 것이다. 사실 아주 다양한 대답이 나오리라 생각된다. 이러한 각기 다른 대답들은 추상적인데다가 개별적으로 추구하는 목적과 내용이 서로 다르기 때문이다.

그러나 건강문제는 더 이상 예외가 없는 음식물을 통해서 영양소를 흡수하고 생명 등을 유지하면서 다양한 사회활동을 하는 원동력이 되고 있다.

또한 오래 살고 싶어 하는 인간의 욕심 때문에 건강이 우리 모두의 관심사일 수밖에 없다. 그렇기 때문에 일상의 상당 부분이 건강과 관련이 깊은 이유이다.

일반적으로 건강의 기준은 원기나 질병의 유무 또는 몸과 마음, 체력의 상태 등으로 아주 많은 표현이 가능하다. 또한 건강을 병리·생리학적인 측면 또한 좁은 의미의 심리적·정신적 또는 정서적인 측면을 포함해 사회생활의 적응과 순응, 변화 등의 넓은 의미의 경우를 말하기도 한다.

보통 사고로 팔다리를 잃은 사람이 있는가 하면 신체적인 손상이 없다하더라도 생리적인 기능이 약한 경우도 있을 수 있고, 또 유전적으로나 선천적으로 몸의 기능이 약한 사람도 있다. 반대로 외형상으로는 아주 정상적이나 정신이 건강치 못한 곧 마음이 비뚤어진 사람이 있기도 하다.

이와 같은 건강에 관한 문제는 역시 우리의 일상생활에서 밀접한 관계에서 생각하지 않을 수 없다. 또한 질병을 치료했다고 하는 것도 건강이 어느 정도까지 회복되었는가 하는 문제가 그 기준과 판단이 되므로 매우 중요하다.

여기에서 말하는 건강이란 단지 병이 없다든지 또는 병약하지 않은 상태만을 뜻하는 것이 아니다. 완전한 육체적, 정신적 및 사회적 만족상태에 있음을 의미한다.

우리가 도달할 수 있는 최고 수준의 건강을 유지한다는 것은 어떠한 상태를 떠나 모든 인간이 누릴 수 있는 기본 권리이다.

이 정의의 특징은 육체적, 정신적, 사회적 건강의 측면을 포함한 건강의 삼위일체를 설명한 것이다. 이른바 삶과 생활의 일부로써 건강에 기본을 두고 있는 것이다. 사실 한 가지 덧붙이자면 그동안 우리는 육체적 건강만 건강이라는 식으로 육체적 건강에만 너무 집착하고 살아왔다는 것이다. 그 결과 〈건강산업〉이라는 말이 탄생하였고, 건강식품이 점점 더 판을 치고 있지만 진정한 의미에서의 건강은 육체적 건강뿐만 아니라 정신적 안정과 사회적 만족이 삼위일체가 되어 균형을 이루어야 한다는 것이다.

'스트레스가 만병의 근원'이라는 말이 있듯이, 이 말은 육체적 건강만이 건강의 전부가 아니라는 사실을 아주 잘 설명하고 있다. 그래서 일반적으로 우리는 육체적 건강에 관심을 두고 육체적 건강에만 치중하고 육체적 건강의 회복을 위하여 온갖 노력을 다 하기 때문에 옛 선인들이 아름다운 선경과 불경과 좋은 책들을 과거로부터 많이 이룩해 놓고 우리들로 하여금 읽고 접하도록 독려하고 있지만 날로 정신적 건강의 상태는 악화되어 가고 있다.

저자 역시 이 책에서 육체적 건강을 치중해서 이 글을 쓰고 있는 것이 부끄럽다고 할 수 있다.

1. 건강에서 차지하는 식품

20세기에 들어서면서부터 〈영양학〉이라는 새로운 학문이 시작되었다. 이에 식품은 현재 성장발육뿐만 아니라 건강을 위한 필수적인 영양소로 매일 공급되어져야 하는 기본적인 요소로서 인식되고 있다.

이러한 기본 지식은 우리의 생활에 크게 영향을 두고 있고 양호한 영양 상태를 유지하고 건강을 유지하기 위해서는 어떤 식품을 어떻게 또 얼마나 먹어야하는가에 대해서 연구하게 이른 것이다.

그러나 우리가 매일 섭취하고 있는 식품은 단순히 우리 인체에 필요로 하는 영양소를 공급한다는 것보다 더 큰 의미를 내포하고 있다.

우리가 먹는 식품은 일상생활에서 생리적 욕구를 충족시킬 뿐만 아니라, 경제적 측면과 사회적 문제, 정신·심리적 상태, 문화·종교적 배경, 그리고 개인적 생활 정도에 까지 고려되고 있다.

역사적으로 미루어본 인간은 식품을 얻기 위해서는 수렵을 통한 생산을 하였고, 또 식품을 중심으로 여러 가지의 감정이 여과되어 왔으며, 과학자들은 식품의 성분을 중심으로 인체의 신비를 탐색하기 위해서 많은 연구를 해왔다. 그러나 현 시대를 살아가는 우리들은 식생활과 자기 본위적인 식품선택 때문에 영양결핍이나 영양방임이라는 이중고에 시달리고 있다. 따라서 올바른 식품선택과 적절한 영양소의 섭취를 위해서는 과학적인 지식을 바탕으로 영양지식의 보급이 선행되어야 한다. 이러한 영양지식의 보급은 우리들의 식생활 개선에 크게 기여한 것은 자명한 사실이다. 그렇다면 식품에는 어떠한 의미들이 함축되어 있을까?

첫째, 식품은 바로 힘이다.

우리는 먹지 않고는 단 하루도 살아갈 수가 없다. 따라서 욕구의 유구한 역사를 뒤돌아 볼 때 식품은 생명유지활동의 원동력이자 에너지 공급원인 동시에 위대한 힘으로 작용하여 왔다.

옛날부터 어머니가 자식이 착한 일을 했을 경우 그 보상으로 먹을 것을 주었고, 반대로 나쁜 일을 했을 경우 밥을 먹지 못하게 하는 등의 자식의 행동에 대한 상벌을 식품으로 표현한 적도 있었다. 전쟁 시의 적군의 군수 보급을 차단함으로써 역사상 승리한 많은 예를 보더라도 식품이 차지하는 의미는 얼마만큼 크다는 것을 알 수 있다.

둘째, 우리가 먹는 식품은 심리적 안정감을 준다.

갓 태어난 아기가 어머니의 품에 안겨 젖을 빨 때 무한한 안정감을 느끼게 되고, 또 어떤 아이들은 천진난만하게 뛰어놀고 공부하다가도 배가 고파지면 언제나 어머니가 맛있는 것을 준다는 안도감으로 자라난다.

한때 이라크 사태로 전 세계의 식량문제가 심리적 불안감을 안겨준 적도 있으며, 지금은 북한의 식량수급 때문에 외교적으로도 우리나라에게 식량 요청을 하는 등의 모든 것을 미루어 볼 때 식품이 우리에게 안정감의 위력을 주는 것은 사실이다.

또한 남북 교류에 있어서도 비슷한 예를 찾아 볼 수 있다. 얼마 전에 있었던 남북 장관급 회담에서 북측이 쌀 50만 톤을 요구했으나 우리 정부에서 거절하자, 남북 이산가족 상봉까지도 단절시킨 것만 봐도 이 식품의 위력은 얼마나 큰 것인지 알수있다.

셋째, 식품은 우정의 상징이다.

어느 시대와 민족, 사회에서든지 그 차이는 있겠지만, 기쁨을 나누고 축하할 일이 있으면 음식을 장만해서 손님을 접대하고 즐거움과 우정을 나누기도 하고 즐거운 시간을 보냈다. 심지어는 상(喪)을 당해도 음식부터 장만을 하여 문상객들에게 술과 음식을 대접하기도 하였다. 한편 서양에서도 캔디나 초코릿 등으로 상대방에 대한 애정을 표시하지 않았는가.

넷째, 식품은 감정의 분화구가 되기도 한다.

마음이 불안할 때는 안정감을 얻기 위해 또는 쓸쓸하고 공허한 감정을 달래기 위해서 술을 찾는 사람도 많다.

또한 비만의 원인 중에 스트레스나 우울증으로 음식을 많이 먹는 경우도 있다. 외국에서 오래 생활해본 사람은 알겠지만 된장찌개 냄새만 맡아도 가족을 그리워하고 고향을 동경하게 되는 것도 식품이 단순하게 생리적 욕구만을 충족한다는 의미 외에도 심리적 상태에도 깊은 연관이 있다는 것을 알 수 있다.

2. 인간은 자연으로 돌아가야 한다

우리가 즐겨먹는 식품의 원동력은 과학에 의해서 개발된 것이 아니라 유구한 역사 속에서 인류의 체험에 의해 과학이전에 경험적 소산이라는 것을 우리는 알아야 한다. 그러나 어느 누가 우리가 매일 먹는 곡식과 육류, 과일과 채소 등을 과학의 소산이라고 해석 및 추정이나 하겠는가.

사실 옛날부터 전해오는 전통적 식품을 과학화 한 것이 오늘날의 〈식품학〉과 〈영양학〉이라는 학문을 만들게 된 것이다. 특히 영양학이라는 학문은 인간의 건강을 유지하는 것을 주제로 하는 학문이라고 정의하는 것만 봐도 식품이 곧 건강과 밀접한 관계가 있음을 알 수 있다.

그러나 인간은 본래 자연이라는 환경 속에서 태어났기 때문에 자연이 인간에게 베푸는 모든 환경과 여건을 잘 이용해서 순응하기만 한다면 모두 누릴 수 있다. 그러나 고도의 과학문명이 인간의 생활을 편리하게 할 수는 있을지 모르지만 공업화나 산업화에 따른 공해나 환경오염, 그리고 자연 파괴 등으로 많은 위험을 받고 있는 것이 사실이다.

따라서 인간은 자기 스스로 건강을 해치는 모순 속에서 살고 있다고 할 수 있다. 어떤 사람들은 현대 문명을 〈인스턴트 문명〉이라고 말한다. 이것을 다시 말하면, 머리와 꼬리가 없는 몸통뿐인 문명의 뿌리가 없다는 뜻이 된다.

우리는 편리하다는 이유로 인스턴트 음식을 즐겨먹고 있다. 슈퍼마켓에 가보면 인스턴트 음식이 즐비하게 진열되어 있다. 과일 주스부터 김치나 심지어는 아이들이 먹는 이유식까지 그러하다.

우리는 이같이 자연으로부터 받은 그 어떤 것을 그대로 받아들이지 않고 편리함을 앞세워 인위적으로 가공해서 자연에 역행하기 때문에 건강이 악화되는 것을 알아야 한다.

이처럼 자연을 떠나서는 절대 건강을 유지할 수가 없다. 영양적인 가치를 잊은 채 자연을 모르는 인간세상이 점점 되어가고 있다. 그렇기 때문에 이러한 모순은 또 다른 모순을 낳는다.

이러한 사회적 불균형은 어느 시대를 막론하고 인간이 겪는 고민이기도 하다. 자연에서 수확한 농산물은 옛날 조상들의 체험을 통한 유산으로서 최고의 균형식이자 건강식이다.

이것을 맛이다, 기호다, 미관이다 해서 인체에 중요한 비타민, 무기질 등의 필수 영양소를 지나치게 깎아내고 씻어내는 바람에 영양에 결함이 생기는 것이다. 이것이 바로 자연을 역행하는 인간의 모순된 점이다.

우리 인체를 구성하고 있는 모든 성분이 우리들이 매일 먹는 음식물로써 이루어지기 때문에 반드시 음식물의 섭취에 안전을 기해야 한다. 그래야만 질병을 예방하고 건강을 유지하는 최상의 방법이다. 그래서 우리 주위에는 요사이 음식물로 고칠 수 없는 질병은 의사도 고칠 수 다는 말까지 나오기도 할 정도이다. 그러므로 병이 생겨도 음식물에 대한 바른 인식과 이해 없이는 병이 낫는다는 것은 생각할 수가 없다.

현대의학에서 질병치료에 약물요법 이외에 식사요법을 강조하는 것과도 밀접한 관계가 있다. 역사적으로 볼 때 고대 중국에서도 그랬고, 고대 그리스에서도 의사의 전신은 요리사였다고 말한다. 지금 의사들이 입는 가운과 간호사들의 캡이 바로 옛날 요리사의 복장에서 유래되었다는 사실을 안다면 쉽게 이해가 갈 것이다.

현대의학의 시조로 불리는 히포크라테스도 모든 질병은 혈액과 체액의 부조화에 있다고 했고, 혈액중심에 있다고 주장했으며, 치료의학보다는 예방의학을 중요시했다. 특히 식사요법이 의학적인 근본요법이라고 했다. 그래서 2400년이 지난 오늘날에 있어서도 각 대학마다 〈식품영양학〉이 등장하게 되었고, 식사요법을 강의하게 되었다.

요즘 병원에서도 치료와 처방은 의사가 하고 있으며, 식사처방은 영양사가 직접 하는 것을 보더라도 질병치료에서는 식사요법이 얼마나 중요하지를 알 수 있는 것이다.

그러므로 저자가 지금 강조하는 내용도 각 질병에 따라서 거기에 맞는 식사요법 즉 식품을 섭취하는 식품요법이다. 식사라고 하는 것은 밥이나 반찬만을 의미하는 것은 결코 아니다. 그렇기 때문에 식품요법이 이만큼 중요함을 설명하는 것이다.

3. 건강과 영양소

20세기에 들어서면서 부터 〈영양학〉이라는 학문의 중요성을 인식하기 시작했다. 식품이 영양유지, 건강유지와 수면과 밀접한 관계가 있다는 것과 식품이 질병치료에 널리 이용되고 있다는 사실은 이미 수천 년 전부터 입증되어온 셈이다.

사실 식품을 과학적 지식을 토대로 하여 검토하기 전에는 사람들은 막연하게나마 식품의 위력, 치료효과, 금기 등에 관해서 그들의 나름대로의 개념에서 있었다고 할 수 있다.

저자가 〈부록〉으로 제시한 200여가지의 한약재는 20세기의 과학이 발달된 지금에 와서 분석해도 식품으로서의 충분한 영양소가 들어있음이 이미 입증되지 않았는가. 이러한 이유로 식품으로 분류되었다고 할 수 있다.

더욱이 적당한 영양소는 인간의 생활을 윤택하게 하고 건강을 유지시켜 주며 일의 능률도 향상시킨다. 영양소는 그 종류에 따라서 체내에서 기능과 역할을 발휘함에 따라 달라지며 이들 영양소를 체내의 작용에 따라 분류하면 영양소, 조절소 및 구성소로 구분할 수 있다.

영양소는 우리 체내에서 화학반응에 의해서 에너지를 생산하여 체온을 유지하고 활동력을 강화시키는 것이기 때문에 밥이나 빵, 감자 등 탄수화물, 기름기로 지칭되는 지방질 그리고 생선이나 육류의 주성분인 단백질이 여기에 속한다. 이는 열량소로서 섭취량이 아주 많기 때문에 3대영양소라고 할 수 있다.

탄수화물과 지방질은 주 에너지원으로서 체내에서 산소와 화합하여 에너지를 생산한다. 탄수화물은 식생활에 있어서 많은 양을 차지하고 소화

흡수가 잘 되기 때문에 운동이나 노동 등의 주 활동의 에너지로 작용하고 있다. 많은 양을 섭취하면 지방으로 변화되기 때문에 체지방으로 저장되어 탄수화물만 먹고 사는 닭이나 돼지처럼 살이 찌기 때문에 비만이 되는 것이다. 이들 탄수화물은 소화분해에 의해서 흔히 포도당(glucose)이라고 부르고, 혈액을 통해서 세포로 옮겨지게 된다.

이때 혈액 중 크로코스의 농도를 혈당(血糖)이라고 한다. 지방질도 탄수화물과 마찬가지로 우리 몸에서 산화하여 주로 에너지원으로서 이용되고 있으며 이밖에도 세포막의 구성성분인 필수지방산의 공급, 비타민의 흡수, 활성물질로 활동한다. 단백질은 에너지원으로 이용되기도 하지만 탄수화물과 지방질과 달리 고분자 질소화합물로서 세포의 구성성분인 동시에 일상 생리현상에 있어서도 필수적인 물질이다.

지금까지 설명한 영양소에 못지않게 중요한 것은 체내에서 일어나는 수많은 대사작용과 생리작용을 조절하는 것이다. 체내의 대사와 생리기능을 조절하는 영양소로는 비타민과 무기질을 들 수 있다. 이들 영양소와 더불어 앞서 말한 3대영양소를 우리는 〈5대 영양소〉라고 한다.

암이나 후천성 면역 결핍증 에이즈(AIDS)로 불리는 악성질병 등을 제외한 대부분의 질병이 비타민과 무기질의 결핍에서 일어남을 알아야 한다. 또한 골다공증, 간질환, 야맹증, 피부질환, 신경통, 후각염, 성장부족, 발육부진, 담석증 등과 같이 많은 질병들이 모두 무기질과 비타민의 결핍으로 오는 질병이다.

지금까지 비타민과 무기질이 얼마나 우리 인체에서 중요한지를 알아보았다. 그렇다면 우리 인체를 자동차에 비유하여 설명하면 좀 더 쉽게 이해

할 수 있을 것이다. 자동차의 에너지원인 휘발유에 해당하는 영양소는 탄수화물, 단백질, 지방질이고, 여기에 자동차의 엔진오일이나 라지에타의 냉각수에 해당되는 것이 바로 비타민과 무기질이다.

좋은 휘발유를 사용해야 자동차가 무리도 없고 엔진의 수명도 오래가는 것과 마찬가지로 사람도 양질의 탄수화물, 단백질, 지방질을 많이 먹어야 된다는 사실은 당연하다. 그렇다고 자동차의 좋은 휘발유만 있으면 아무런 무리가 없이 잘 달릴 수 있는 건 아니다. 자동차의 엔진오일이나 냉각수만을 중요시하여 차가 움직일지라도 곧 망가지고 말 것이다.

이와 같이 오일이나 냉각수가 자동차에 절대 필요한 것과 마찬가지로 우리 몸에도 무기질과 비타민이 필수적인 영양소라는 것을 알아야 한다.

무기질로서 철분이 부족하면 빈혈이 생기고, 칼슘이 부족하면 골절이 되기 싶고, 심하면 골다공증이 오는 것을 누구나 알고 있다. 또한 아연이 부족하면 정액의 생성에 지장을 받게 된다.

한편 비타민의 결핍도 많은 질병과 관계가 있다. 비타민A가 부족하면 야맹증, 비타민B가 부족하면 꼽추, 골연화증, 비타민F가 부족하면 불임증, 유산, 비타민K가 부족하면 혈액응고부진 등이 나타난다.

이와 같이 비타민B_1이 부족하면 각기병, 다발성 신경염, 비타민B_2가 부족하면 설염이나 후각염, 나야신이 부족하면 피부병의 일종인 엘라그리나 등이 나타나고 비타민B_3가 부족하면 성장발육이 지연되거나 빈혈이 나타나고, 비타민 B_{12}가 부족하면 악성 빈혈이 유발된다.

4. 무엇을 얼마나 먹어야 하나

지금까지 언급한 것을 언뜻 생각하면 이 본 내용과 거리가 멀다고 다소 생각할 수도 있다. 그러나 여기에서 저자가 이야기 하고자 하는 것은 여러분들(특히 부인과 질환을 겪고 있는 여성들)이 앓고 있는 질병은 앞서 말한 것과 같이 비타민이나 무기질의 부족으로 쉽게 발병한다.

현대인들이라면 기본 영양소는 누구나 매일같이 충분하게 섭취하고 있을 것이다. 그러기 때문에 선진국일수록 비만환자가 많이 늘어나는 것이다. 우리도 한번쯤 자신의 식생활을 꼼꼼히 점검할 필요가 있다. 혹시 비타민과 무기질은 제대로 섭취하고 있는지 말이다.

어린아이의 체형과 체질이 점차 비만형으로 바뀌어 가는 것만 보더라도 이러한 사실이 충분히 이해되지 않는가. 또한 현대인들의 몸에는 예전에는 겪지 않았던 이상한 기류들을 이 많이 발생하고 있다. 이것은 앞에서 밝힌 바와 같이 무기질 또는 비타민이 부족해서 일어나는 현상으로서 차로 말하면 오일이나 냉각수가 더럽거나 제때에 갈아주지 않아서 오는 현상이다.

아무리 좋은 에너지원인 휘발유를 공급하더라도 차는 곧 망가지는 것과 같이 여러분들은 반드시 필수 영양소를 충분히 섭취해야만 한다. 아무리 건강한 체력을 가지고 있더라도 자신도 모르는 사이에 병이 생기는 것은 바로 비타민이나 무기질이 부족한 탓이기 때문이다.

그러므로 저자가 본론에서 밝히는 모든 한약재들은 비타민과 무기질을 충분히 섭취할 수 있는 요건이 되어 있기 때문에 각자 여러분들의 질병을 잘 참고해서 적당한 양을 섭취하게 된다면 현재 겪고 있는 질병의 고통으로부터 해방될 수 있다고 생각한다.

또한 서술한 내용을 잘 참조해서 법제를 잘해서 먹으면 인체에 아무런 해가 없다는 것을 염두에 두고 자세한 것은 인터넷이나 또 가까운 전문가의 도움을 받기를 바라는 바이다.

2장 부인과 질병

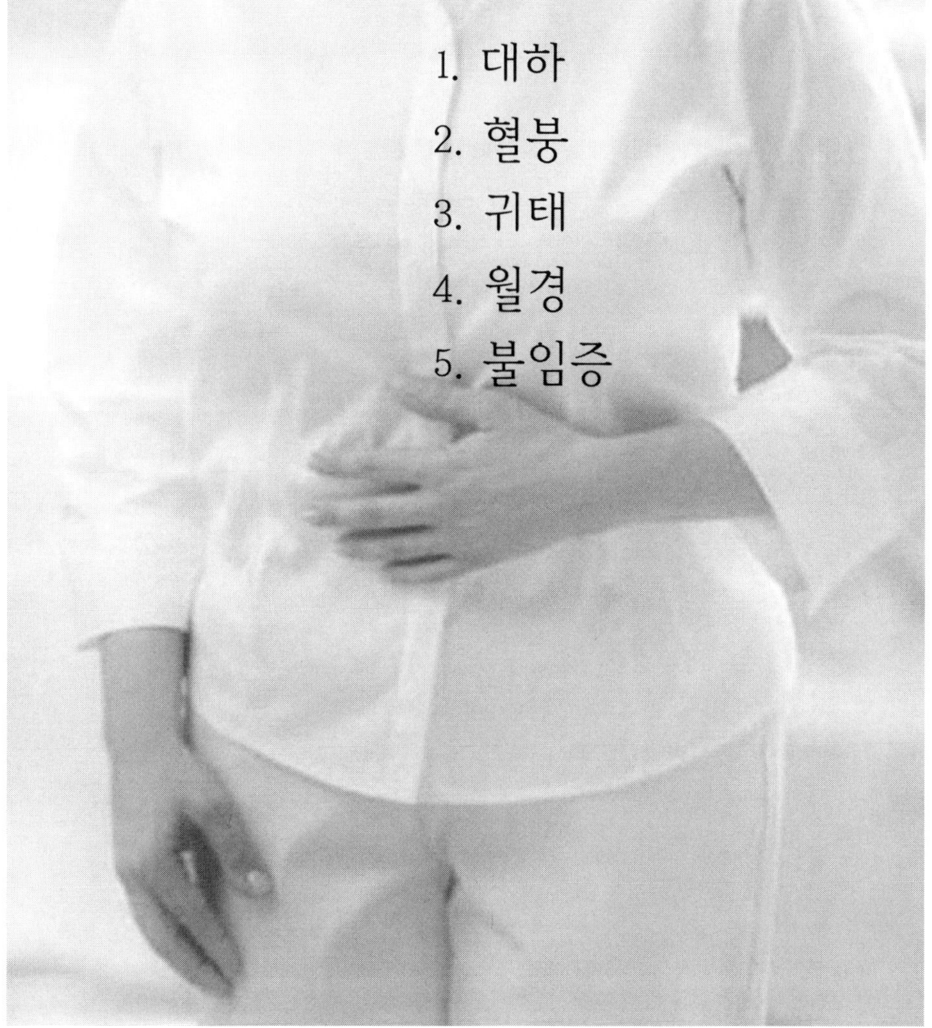

1. 대하

대하(帶下)는 대부분 습(濕 ; 체내 기혈장애를 유발하여 병의 원인이 되는 습기)으로 인해 발생한다. 여기에서 이 병은 대맥(帶脈)이 제 기능을 상실하여 발생하므로 대맥이란 대(帶)로 명명하였다. 대맥은 임맥, 독맥이 통함에 있어서 곧 임맥과 독맥에 병이 발생하면 대맥에 병이 발생하는 것이다.

대맥은 포태(태내에 태아를 싼 얇은 막)에 연결되어 포태를 보호하는 작용이 있다. 때문에 대맥이 무력하면 포태를 보호하고 들어 올리지 못하기 때문에 포태도 견고하지 못하다. 그러므로 대맥이 약하면 쉽게 낙태(落胎)되고 대맥이 손상되면 태아도 포궁이 견고하게 부착되지 못하므로 낙태될 수 있다.

대맥이 손상되는 데에는 넘어지거나 외상으로 인한 발병뿐만 아니라 성생활이 과도하였고 혹은 술을 과음하고 광기를 부렸다면 비록 별다른 통증을 느끼지 못해도 대맥이 암암리에 손상되기 일쑤이다. 바로 이때 기가 허해지면서 월경을 하지 않고 대하가 발생하게 된다.

대하는 여승, 결혼은 했지만 혼자인 여성, 기혼여성들에게 많이 나타나지만 미혼여성에게서는 극히 드물게 나타난다. 뿐만 아니라 비(脾)기가 허하고 간(肝)기가 뭉친데다 습사가 침입하였고 또 열기가 있어 대맥을 자극하면 당연히 대하에 걸릴 수 있다.

(1) 백대하

대하에 걸린 여성들은 일 년 내내 질에서 흰색의 액체가 흐르고 멎지 않으며 심한 경우에는 고약한 냄새가 나는데 이것을 백대(白帶)라고 한다.

백대는 습이 생기고 화가 약해지거나 간기가 뭉치고 기가 허하면 비토(脾土)가 손상을 받아 비(脾 ; 림프계기관으로 비장이라 일컬음)기가 아래로 함몰되면서 음식물의 영양물질을 수송하지 못하여 영혈이 월경으로 생성되지 못하고 백색물질로 변화하여 질을 통해 흐르는데 좀처럼 멎지 않는다.

치료방법은 비위의 기를 크게 보양해줌과 동시에 간기를 풀어주는 약물을 적당히 배합한다. 이러면 어혈이 뭉치지 않고 잘 소통되며 비토를 억제하지 않기에 비장의 기능이 튼튼해지면서 습기가 없어지고 이런 과정에서 백대는 자연스럽게 멎는다.

완대탕

재료 : 백출 1냥(모래에 볶는다), 산약 1냥(볶는다), 인삼 2돈, 백작 5돈(술에 볶는다), 차전자 3돈(술에 볶는다), 창출 3돈(포제한다), 감초 1돈, 진피 5푼, 흑개수 5푼, 시오 6푼

이를 물에 달여 복용한다. 2첩이면 병이 나아지고 4첩이면 백대가 멎으며 6첩에는 백대가 완치된다.

이 처방은 비와 위, 간을 동시에 치료하는 처방이다. 보양하면서도 풀어주고 삭혀 없애면서도 또 위로 올라가게 하여 간기를 풀어준다. 이러면 간혈이 건조해지지 않으므로 비토를 억제하지 않는 것은 당연한 이치이다.

또한 비토의 근원도 보양해주어 비장이 습하지 않으므로 속에 있는 습기가 기화된다. 비장을 보양하는 한편 위를 보양해주는 것은 겉과 안을 골고루 보호하는 것인데 위기가 왕성하지 못하면 비기의 허약도 왕성하게 회복되지 못하기 때문이다. 그러므로 위를 보양해주는 것은 곧 비기를 튼튼하게 보양해주는 것이다.

평언 : 부인과 질병은 치료가 가장 어려운데 처방이 어려운 것이 아니라 증후를 진단하는 것이 어렵다.

이 책에서는 다섯 가지 대하에 대해서 상세하게 구별하였고, 그에 따라 알맞은 처방을 제시하였다. 단, 효과가 없다면 그것은 환자의 월경이 고르지 못하기 때문이므로 반드시 〈월경〉의 부분을 참작하여 치료한다면 효과를 볼 수 있다. 예를 들면 백대하증이어서 약을 복용하였으나 효과가 없는 환자는 분명 월경주기에 경련이 일어나는 듯이 배가 아픈 증상이 있을 수 있는데 이는 관대탕(p93)을 복용하면 낫는다. 다른 경우도 이를 참조하여 추리할 수 있다.

(2) 청대하

대하가 흐르고 색깔이 푸른빛을 띠며 심할 때에는 푸른색에 찐득거리는 느낌이 나고 멎지 않을 뿐만 아니라 냄새도 고약하면 이를 청대하라고 한다. 대하의 색깔이 푸른 것은 간경에 습과 열이 있기 때문이다.

간은 오행(五行)에서 목(木)에 속하며 청색은 간의 본색이다. 그러므로 푸른색의 대하가 흐르면 간목의 병임이 틀림없다. 그러나 일반적으로 생각하기에 간목은 수액의 자양을 즐기고 습은 수액이 축적된 것이니 두 가지가 잘 맞는다고 생각하기 쉽지만 이런 인식은 어혈이 수액의 자양을 즐기지만 습은 토에 속하기에 습을 꺼린다는 이치를 간과하기 때문이다. 즉 맞는 것과 맞지 않는 것이 섞여 있으니 이는 서로 배척할 수밖에 없다.

습기는 간의 성질과 상반되므로 간기가 소통되지 못하고 역류하면서 위로 올라가려 하고 습기는 아래로 내려가려 하기에 서로 견제되면서 중초에 머물렀고 또 대맥으로 들어가 음기를 따라 겉으로 흘러나온다.

대하의 색깔이 청록색을 띠는 것은 습기가 간기의 영향을 받았기 때문이다. 간기의 역류가 가벼우면 열도 가볍기에 대하는 연한 청색을 띠며 간기의 역류가 심하면 열도 심해지기 때문에 대하는 진한 녹색을 띤다. 이렇게 말하면 청색은 치료가 쉽고 녹색은 치료가 힘들 것 같다고 생각할 수 있는데 실제 치료는 모두 어렵지 않다.

이때는 간목의 화를 억제해주고 방광이 수액을 잘 배설하게 해주면 청록색의 대하는 모두 사라진다.

가감소요산

재료 : 복령 5돈, 백작 5돈(술에 볶는다), 생감초 5돈, 시호 1돈, 인진 3돈, 진피 1돈, 치자 3돈(볶는다)

이를 물에 달여 복용한다. 2첩이면 대하의 색깔이 연해지고 4첩을 복용하면 청록색의 대하가 멎으므로 약을 과도하게 복용할 필요는 없다.

소요산은 간기의 뭉침을 풀어주는 처방인데 어떻게 청대의 치료에 응용되며 효과가 있는지 의문을 가질 수 있다. 하지만 습열이 간경에 멈춰서면 간기는 뭉치면서 위로 거슬러 올라간다.

　소요산은 바로 간기의 뭉침을 소통시키고 거슬리는 것을 억제해주므로 간기가 뭉치고 거슬리지 않으면 습과 열도 머물러있지 않는다. 또 인진을 가미하여 습을 없애고 치자를 가미하여 열을 없애므로 간기가 맑아지게 되니 청록색의 대하가 생기지 않게 되는 것이다.

　가령 습과 열만 없애는 방법만으로 청대를 치료하려 하고 간기의 뭉치는 것을 내버려둔다면 그 효과가 없을 것이다.

　평언 : 비토는 건조함을 즐기고 습한 것을 싫어한다.
　토에 병이 생겨 습해지면 목이 토를 억누르게 된다. 뿐만 아니라 몬이 또 토의 습기에 방해를 받게 되면 간에도 병이 발생한다. 그러니 소요산에서 당귀를 뺀 처방이 가장 좋은 처방이다.

(3) 황대하

　대하의 색깔이 완전히 노랗고 비리며 역한 냄새가 나면 이를 곧 황대라고 한다. 황대는 임맥에 열이 성하여 발생한다.

　일반적으로는 임맥은 수액을 용납하지 않기에 습기가 대맥으로 들어가 황대를 일으키는 것은 불가능하다고 생각하고 있지만 대맥은 인체를 둘러

싸고 돌면서 임맥과 통하는데 임맥은 곧게 위로 순행하여 입술과 이빨로 들어간다. 입술과 이빨사이에는 원래 끊임없이 흐르는 샘이 있어서 진액을 임맥으로 관통해주어 정기로 생화되게 해준다.

임맥이 열기의 교란을 받지 않으면 구강에 있는 진액이 남김없이 정기로 생화되어 신으로 들어가 자양작용을 발휘하게 된다.

하초에 열사가 있는 경우에는 진액이 정기로 생성되지 못하고 반대로 습기로 전환된다. 습은 토(土)에 속한 기로서 수액이 침적되어 형성된다. 열은 화(火)에 속한 기로써 열과 화는 목(木)에 의하여 생성된다.

물(水)은 흑색에 속하고 화의 본색은 붉다. 습과 열이 엉키면서 붉어지려 하나 붉어지지 못하고 또 검게 되지도 못하고 서로 뒤섞이면서 즙처럼 되고 황색으로 변화되는 것이다. 황대는 물이나 화를 따라 변화된 것이 아니라 습을 따라 변화되었기 때문이다.

그래서 사람들은 황대는 비장에 습열이 있기 때문이라고 인정하면서 비장만 다스리는데 결과는 병이 낫지 않는 것이다.

그 원인은 신수와 신화가 열과 습과 합세하여 임맥과 포태사이에 들어가 노란색깔로 변화되었음을 모르기 때문이다. 그러니 비장만 치료하는 것은 병세가 나아지는데 큰 효과가 없다. 당연히 임맥이 허한 것을 보호해주고 위로 역류하는 신화를 없애야 나을 수 있다.

이황탕

재료 : 산약 1냥(볶는다), 검실 1냥(볶는다), 황백 2돈(소금물에 볶는다), 차전자 1돈(술에 볶는다), 백과 10매(부순다)

이를 물에 달여 복용한다. 연속 4첩을 먹으면 거의 치료가 된다. 또한 이 처방은 황대만 치료하는 것은 아니다.

대체로 대하는 모두 위의 방법으로 치료할 수 있지만, 특히 황대하에 특효가 있다. 위 처방에서 산약과 검실은 임맥의 허함을 보양해줌과 동시에 수액의 원활한 운행을 돕는다. 여기에 백과를 가미하면 신속하게 임맥으로 들어가기에 효과도 더 빠르다. 황백은 성해진 신장의 화를 없앤다.

신장은 임맥과 통하고 서로 자양하기에 신장의 화를 없애면 임맥의 열도 사라진다.

평언 : 대체로 대하는 비장이 습하여 발생되는 경우가 많으므로 발병 초기에는 열이 없을 때 비토를 보양해주는 동시에 충맥과 임맥의 기를 조리해주면 낫는다.

만약 습이 쌓여서 열이 생겼으면 신장의 화를 없애야 습이 빠져나갈 길이 열리면서 치료를 할 수 있다. 처방에서 황백, 차전자를 응용하면 특효가 있다. 또한 산약과 검실은 또한 열을 없애고 진액을 생성하는 작용을 한다.

(4) 흑대하

대하가 흐르면서 색깔이 검고 심한 경우는 비린내가 나면 이를 흑대하라고 한다. 흑대하는 화와 열이 몹시 심해져서 발생한다.

어떤 사람들은 화가 성하는데 검은색을 띤다는 것에 대해 의문을 가지는데 이는 화가 극도에 달하면 물과 같은 성질을 띄는현상이 나타난다는 이치를 모르기 때문이다.

그 증상을 살펴보면 배가 아프고 소변을 볼 때 요도가 칼로 도려내는 듯이 아프며 음부가 붓고 얼굴빛이 붉다. 이는 시간이 오래 지나면 몸은 필시 누렇게 되고 여윈다. 그렇지만 또한 음식은 정상인 보다 배로 먹으며 입안의 열이 달아오르고 갈증이 나서 찬물을 마셔야만이 그나마 시원함을 느낀다.

이것은 위에 화가 너무 왕성해지면서 명문, 방광, 삼초의 화와 합세하여 진액을 방해하기 때문인데 시간이 오래 지나면 아주 심한 검은색을 띠게 된다. 그러니 이는 당연히 한기가 있어서가 아니라 화와 열이 심해서 검어진 것이라고 할 수 있다.

만약 이러한 증상이 심하지 않다면 신수와 폐금에는 발병되지 않았기 때문에 생기도 끊어지지 않아 심과 위를 자양하고 구완해주기 때문이다. 그러므로 흑대하는 화가 아래로 엉켰으나 위로는 역류하여 오르지 않는다.

이때 치료방법은 화를 밀어내는 것을 주요 목표로 하여 화와 열을 없애면 습은 자연히 없어진다.

재료 : 대황 3돈, 백출 5돈(모래에 볶는다), 복령 3돈, 차전자 3돈(술에 볶는다), 왕불류행 3돈, 황련 3돈, 치자 3돈(볶는다), 지모 2돈, 석고 5돈(불에 달군다), 유기노(초) 3돈

이를 물에 달여 복용한다. 1첩이면 소변볼 때 요도가 아픈 증상이 없어지고, 2첩이면 흑대하가 흰색으로 변한다. 3첩이면 백대가 적어지고 또 다시 3첩을 복용하면 병이 완쾌된다.

어떤 사람들은 처방의 작용이 너무 강하다고 말하는데 화가 성할 때에는 상규치료원칙을 꼭 따라야 한다. 이는 마치 불을 끄는 일을 조금만 지체하면 그 기세가 만연해져서 끌 수 없는 상황에 이르는 것과 같다.

황련, 석고, 치자, 지모는 모두 한랭한 약물로서 대황과 배합되면 열을 신속하게 없애버린다. 또 왕불류행과 유기노는 습을 재빨리 없애므로 열과 습이 머물만한 시간이 없다.

또한 백출을 배합하여 토를 북돋아주고 복령을 배합하여 습을 삼출시켜 없어지게 하며 차전자는 소변을 잘 배설되게 해준다. 이러면 화가 없어지고 수액이 잘 올라오게 되어 병이 나을 수 있게 된다.

평언 : 병이 나은 다음 음식을 잘 조절해야 하는데 맵고 뜨거운 음식을 금하면서 비토를 조리하고 자양해 주어야 한다. 만약 이 처방을 갖고 있다가 병이 생겼을 때 무턱대고 복용한다면 원기를 손상하게 된다. 그러니 주의하며 삼가야 한다.

(5) 적대하

대하를 흘리며 그 색깔이 마치 피와 같기도 하고 그렇지 않은 것 같기도 하며 양은 조금씩 계속 흐르고 멎지 않으면 이를 적대하라고 한다.

적대하 역시 습으로 발생된 병이다. 습기는 토에 속하므로 그 색은 황백색이어야 하지만 황백색은 나타나지 않고 붉은색을 띠는 것은 화와 열이 있기 때문이다. 화의 색깔이 붉으므로 대하도 붉은색을 띤다.

일반적으로는 대맥이 허리와 배꼽을 얽어놓고 음부의 근처에 이르렀기에 여기에는 화가 있어서는 안 된다.

그런데 화증이 나타나니 대맥이 명문에 통하였고 명문의 화가 나오면서 상한 것이라고 추정해볼 수 있는데 대맥은 신에 통하였고 또 신기가 간에 통해 있는 이치를 간과해서는 안 된다.

부인이 근심과 사려가 과도하면 비기를 손상하게 되는데 정서가 울적하고 성을 내는 등의 원인으로 간기를 손상하면 간경에 화가 뭉치고 성해질 뿐만 아니라 아래로 내려가면서 비토를 억제하면 비토의 수송과 전화기능이 상실되어 습기가 생겼으며 습과 열이 대맥에 쌓이고 또 간이 혈을 저장하지 못하고 대맥으로 삼출된다.

이런 것은 모두 비장의 기가 손상되고 수송과 전화기능이 무력하고 비기가 함몰됨에 따라 습열이 혈과 함께 아래로 내려가기 때문이다. 그러므로 대하는 피와 같은 적색을 띠게 된다.

혈과 습이 뒤엉키면 잘 갈라지지 않기에 많은 사람들은 적대하는 심화로 발생되는 것이라고 인정하는데 이는 틀린 견해이다. 치료원칙은 간화를 없애고 비기를 부축해주면 병은 낫는다.

청간지림탕

재료 : 백작 1냥(초에 볶는다), 당귀 1냥(술에 씻는다), 생지 5돈(술에 볶는다), 아교 3돈(밀가루에 볶아 가루를 낸다), 분단피 3돈, 황백 2돈, 우슬 2돈, 향부자 1돈(술에 볶는다), 붉은 대추 10개, 소흑두 1냥

이를 물에 달여 복용한다. 1첩이면 대하가 조금 멎고 2첩이면 그 양이 더욱 적어지며 4첩이면 완치되며 10첩을 복용하면 재발되지 않는다.

이 처방에서는 간혈만 보양하고 비장의 습이 잘 배설되게 하는 방법을 쓰지 않았다. 그 이유는 적대하는 화가 중하고 습이 경하기 때문이다.

화가 왕성해진 것은 혈이 약해졌기 때문이므로 혈을 보양해주는 것이 곧 화를 눌러주는 것이다. 또 물과 혈이 합쳐 적대하가 발생된 증후는 습인지 습이 아닌지를 분별할 수 없지만 습기가 없어지면 남는 것은 곧 혈이다.

때문에 혈을 다스리면 습도 없어지게 된다. 그러니 굳이 습을 없애기 위해서 이를 위주로 처방할 필요는 없다. 특히 이와 같은 처방은 혈을 다스리고 화를 없애는 약물을 적당히 배합한 것으로 큰 효과를 볼 수 있다.

만일 습을 잘 배설되게 하는 방법만 쓴다면 오히려 화를 이끌어 아래로 내려가게 하기에 신속한 효과를 보기 힘들다.

2. 혈붕

(1) 혈붕으로 눈앞이 캄캄하고 어지러워 졸도하는 경우

자궁출혈을 의미하는 혈붕(血崩)은 한방에서 월경이 아닌데도 출혈이 심하여 멎지 않는 것을 말한다.

이때 자궁출혈이 심하여 결국 졸도에 이르러 인사불성이면 사람들은 모두 화가 성하여 혈을 움직였기 때문이라고 말한다. 그렇지만 이런 증후는 실화가 있어서가 아니라 허한 화가 있기 때문이다.

일반적으로는 지혈약으로 혈붕을 치료하는데, 비록 일시적으로는 효과를 볼 수 있지만 음을 보양하는 약을 쓰지 않는다면 허한 화가 쉽게 다시 원상태로 돌아가기 때문에 출혈이 멎었다가는 다시 출혈이 있으면서 오랫동안 낫지 않는 환자들이 있다.

그러므로 혈을 멎게 하는 약만 사용할 것이 아니라 반드시 음을 보양함과 아울러 출혈을 멎게 하는 방법을 결합해야 한다.

고본지붕탕

재료 : 대숙지 1냥(9번 찐다), 백출 1냥(흙에 살짝 볶는다), 황기 3돈(생것으로), 당귀 5돈(술에 씻는다), 건강탄 2돈, 인삼 3돈

이를 물에 달여 복용한다. 1첩이면 출혈이 멎고 10첩이면 재발하지 않는다. 만일 약물의 용량이 중한 느낌이 나서 양을 절반으로 줄인다면 약물의 힘이 약해지기에 혈을 멎게 할 수 없다.

이 처방의 장점은 혈을 멎게 해주는 것이 아니라 혈을 보양해주는데 있다. 또 혈을 보양해줄뿐만 아니라 화도 보양해 준다.

혈붕으로 눈앞이 캄캄하고 어지러운 것은 혈을 잃고 적은 기만 남아 인체를 돌보기 때문이다. 만약 기를 급히 보양해주어 혈을 생성되게 하지 않고 먼저 혈을 보양하고 기를 내버려둔다면 유형의 혈은 신속하게 생성되지 못하고 무형의 기가 흩어져버릴 우려가 있다. 때문에 혈을 먼저 보양하지 않고 기를 먼저 보양해준다.

그러나 기만 보양해주어도 혈은 쉽게 생성되지 못하며 혈만을 보양하고 화를 보양해주지 않으면 혈이 응결되면서 기와 함께 재빨리 생성되지 못한다. 그러므로 건강탄을 가미함으로써 혈을 이끌어 경맥으로 들어가게 하였는데 이는 보양해줌과 아울러 또 걷어 들이는 방법이 된다. 때문에 기를 보양해주고 혈을 보양해주는 약물과 함께 배합하였다.

평언 : 만약 출혈이 여러 날 지속되어 혈을 많이 잃었고 촌관척6맥이 나타나지 않으며 콧김만 약간씩 쉴 뿐이면 이 처방을 급히 복용할 수 없다. 그것은 기가 바야흐로 허탈하기에 보양하는 약물의 강한 작용을 받아내지 못할까 하는 우려 때문이다.

그래서 이런 경우는 요인삼(오두를 버리고) 3돈을 달여 관중탄 가루를 1돈 타서 복용한다. 이때 복용 후 숨소리에 힘이 실리면 관중탄 1돈을 원 처방에 타서 복용하는데 효과가 없는 경우는 거의 없다. 무력한 느낌이 있는 환자에게는 황주에 관중탄 가루를 3돈 타서 복용시키는데 숨소리가 나아지고 정신이 맑은 경우라야 복용할 수 있다. 인삼은 장삼으로 대용하며 약을 복용할 때는 관중탄 가루를 타서 복용한다.

(2) 노년기의 혈붕

노년기의 여성이 혈붕으로 앞에서의 증상처럼 눈앞이 캄캄하고 어지러우며 결국 졸도하면서 인사불성이면 대부분의 사람들은 자연스레 노년기 허약 증세라고 생각하겠지만, 실은 성생활에 주의하지 않았기 때문일 가능성이 더 높다. 여성은 50세가 지나면 천계가 공허해지고 월경이 없어지므로 성생활을 절제하여야 한다.

가령 흥분되는 때가 있더라도 적당히 행하고 끝내면 신화(신장은 음양에서 음에 속하므로 음장이라고 하는데 여기에는 수액과 화가 들어 있으며 그 화를 가리켜 신화 또는 진양이라고 한다.)는 크게 발동하지 않는다.

그러나 만약 흥분에 너무 도취되어 성교가 방자하거나 젊은 여성처럼 성생활을 한다면 혈실이 크게 열리면서 출혈의 가능성이 높다.

가감당귀보혈탕

재료 : 당귀 1냥(술에 씻는다), 황기 1냥(생것으로), 삼칠근(가루로) 3돈, 상엽 14잎

이를 물에 달여 복용한다. 2첩에 혈이 멎으며 4첩을 복용하면 재발하지 않는다. 다만 주의할 점은 성욕을 절제하여야 한다. 만약 과도한 성생활로 재발한다면 병이 중해질 가능성이 있다.

보혈탕은 기와 혈을 보양해주는 작용이 있는 처방이며 이 중에서 삼칠근은 혈을 멎게 하는 약이다. 상엽을 가미한 것은 신음을 자양해주기 위해서이며 또 수렴하는 작용이 크기 때문이다.

그러나 노년기 여성은 흔히 음정이 이미 부족해졌으므로 이 처방으로 혈을 잠시 멎게 할 때는 효능이 좋지만 다시 출혈하지 않게 하려면 정기(精氣)를 보양해 주어야하는데 이 처방에서는 이러한 기능이 조금 약하다.

때문에 위 처방을 4첩 복용하고 나면 백출 5돈, 숙지 1냥, 산약 4돈, 맥문동 3돈, 북오미자 1돈을 더 배합해 주어야 한다. 100첩을 쓰고 나면 붕루증은 완전히 완치된다.

평언 : 혼자 지내는 연로한 여성이 기가 혈실을 잃으면서 붕루가 발생하였는데 위 처방에 항백작탄 3돈, 관중탄 3돈을 가미하여 아주 훌륭한 효과를 본 예가 있다.

(3) 젊은 부인의 혈붕

임신 3개월 된 젊은 여성이 혈붕이 발생됨과 동시에 낙태를 했다면 허약거나 몸이 상한 탓이라고 생각하기 쉽지만 이는 성생활에 조심하지 않았을 가능성이 더욱 크다. 젊은 여성이 성교 시 혈붕이 발생했다면 원기가 허약해지면서 임신과 성생활을 고루 돌보지 못했기 때문이다.

이런 여성이 성생활을 하면 정(精)을 배설하여 태아를 자양하지 못하기 때문에 혈붕이 발생되고 낙태한다.

무릇 여성은 기가 허해지면 장기간의 성생활을 이기지 못하게 된다.

만약 오랜 시간 성생활을 하고 나면 정을 많이 잃기 때문에 기가 허약하여 혈을 조절하지 못한다. 그런데다 본래부터 기가 허하며 임신까지 한 상태이면 장시간의 성생활로 내외의 기가 모두 손상이 된 상태로 혈을 보호하기 어렵다. 따라서 자연적으로 혈붕이 발생하고 낙태하게 되는 것이다.

이런 경우 치료방법은 기를 위주로 보양하는 것과 동시에 혈을 보양하는 약물을 적당하게 배합하여야 한다.

고기탕

재료 : 인삼 1냥, 백출 5돈(흙에 볶는다), 대숙지 5돈(9번 찐다), 당귀 3돈(술에 씻는다), 백복령 2돈, 감초 1돈, 두중 3돈(검게 볶는다), 산수유 2돈(찐다), 원지 1돈(속을 빼버린다), 오미자 10알(볶는다)

이를 물에 달여 복용한다. 1첩을 쓰면 혈이 멎으며 연속해서 10첩을 복용하면 완치된다. 위 처방은 기를 튼튼하게 해주고 혈을 보양해 준다. 때문에 부족해진 혈을 신속하게 생성하고 이탈하려는 혈을 잡아준다.

또한 이 처방은 소산만 치료하는 것이 아니라 기가 허하여 발생된 모든 경우를 치료할 수 있다. 이는 직접 지혈하지 않고 기를 보양해줌으로써 혈을 멎게 하는 것이다. 다만 이 약을 복용하면서도 임신한 경우는 성생활을 잠시 피해야 한다.

그렇지 않으면 비록 혈붕은 발생되지 않는다 하더라도 낙태하게 되며 낙태되지 않는다 하여도 아이가 태어난 뒤에 양육하기가 힘들다.

(4) 성교 시 발생하는 출혈

부인이 성교 시 출혈이 있거나 출혈이 멎지 않는 경우를 말한다.

비록 혈붕처럼 심하지는 않지만 일 년이 되도록 낫지 못하면 혈과 기가 다 손상되고 더 오래 지속되면 혈이 고갈되면서 월경이 멎을 우려가 있다.

이런 질병은 바로 월경이 금방 흐르기 시작할 때 성교한 탓으로 정액이 혈관에 충격을 주면서 발생한 것이다. 이에 대해 일반적으로는 일시적인 현상으로 생각하기 쉽지만 이는 혈관이 취약하고 여려서 정액의 손상을 감당하지 못한다는 것을 간과한 생각이다.

무릇 부인이 임신을 하려면 반드시 월경이 깨끗해진 뒤에야 가능하다.

가령 월경이 한창 왕성하게 배설될 때 사정하면 혈들이 흘러나오지 못하고 정자도 받아들이지 못해서 잉태하지 못하며 정액이 모이면서 혈을 손상시키게 된다.

성교 시에 주는 힘은 이미 묵어있던 정액을 촉발하여 머물러있던 정액과 새로 진입한 정액이 뒤섞이고 또 머물러있던 정액은 배출되어 나오므로 혈도 잇달아 나오면서 출혈이 발생한다.

치료원칙은 포태의 기를 잘 통하게 해주고 이미 머물러있던 정액을 이끌어 배출시키는 것이. 또한 기(氣)와 정(精)을 보양하는 약을 배합한다면 손상되었던 혈관을 완전하게 회복시킬 수 있다.

인정지혈탕

재료 : 인삼 5돈, 백출 1냥(흙에 볶는다), 복령 3돈(껍질을 벗긴다), 숙지 1냥(9번 찐다), 산수유 5돈(찐다), 건강탄 1돈, 황백 5푼, 형개수 3돈, 차전자 3돈(술에 볶는다)

이를 물에 달여 복용한다. 연속 4첩을 먹으면 병이 낫고 10첩을 복용하면 재발하지 않는다. 이 처방은 인삼과 백출로 기를 보양해주고 숙지와 산수유로 정을 보양해주어 정기가 왕성해지면 혈관도 잘 통하게 된다.

또 복령과 차전자를 가미하여 수액을 잘 운행되게 해주고 전음과 후음이 잘 통하게 해주면 수액이 순조롭게 운행되기에 혈관도 잘 통한다. 또한 황백을 가미하여 여러 약물들이 혈관으로 들어가게 이끌어줌으로써 이미 부패한 혈과 정액을 혈관 밖으로 시킨다.

또한 형개수는 부패한 혈과 정액을 혈관 밖으로 배출시켜주며, 건강탄은 파손된 혈관의 혈을 멎게 한다. 이렇게 한 개의 처방에 여러 가지 작용을 겸용되게 배합한 것은 좋은 효과가 있다. 때문에 오랜 병과 속에 깊이 든 질병을 없앨 수 있다.

그렇지만 이 처방을 사용할 때도 3개월간은 성생활을 삼가야 한다. 이미 손상된 부분이 다시 손상되지 않고 또한 보양해준 기와 정혈도 손상되지 않는다. 성생활을 금하지 않는다면 다만 눈앞의 효과에 불과하다. 그러므로 신중해야 하고 성욕을 삼가야 한다.

(5) 울결로 인한 혈붕

부인의 입과 혀가 말라 들어가고 갈증이 나며, 토하고 신물이 치밀어 올라오면서 혈붕이 발생되면 일반적으로는 화로 인한 질병으로 진단하고 이를 다스린다. 하지만 때로는 효과가 있을 때도 있고 효과를 보지 못할 때가 있다. 이는 간기가 뭉치고 엉켰음을 파악하지 못했기 때문이다. 간은 원래 혈을 저장하는 역할을 한다.

이런 간은 성질이 급하며 간기가 엉키면 그 성질이 더욱 급해지면서 혈을 저장하지 못하게 된다. 때문에 혈붕이 발병되는 것이다.

이때 치료는 당연히 뭉친 것을 풀어주어야 하는데 만약 뭉친 것만을 풀어주고 간기를 억제하지 않아 간기가 너무 풀어지면 간화가 더욱 치솟아 혈을 멎게 할 수 없다.

평간개울지혈탕

재료 : 백작 1냥(식초에 볶는다), 백출 2냥(흙에 볶는다), 당귀 1냥(술에 씻는다), 단피 3돈, 삼칠근 3돈, 생지 3돈(술에 볶는다), 감초 2돈, 흑개수 2돈, 시호 1돈

이 처방을 물에 달여 복용한다. 1첩에 구토가 멎고 2첩에는 입과 혀과 마르고 갈증이 나는 증상이 없어진다. 4첩에는 혈붕이 완치된다.

이 처방의 장점은 백작으로 간기를 눌러주고 시호로 간기의 뭉침을 풀어주며 백출로 허리와 복부의 기를 잘 통하게 해주는데 이러면 혈은 적체될 우려가 없다. 또한 형개로써 경락이 잘 통하게 하면 혈은 기꺼이 자기 궤도에 돌아온다. 단피는 골수에 든 열을 없애고 생지는 항진된 장부의 화를 없앤다.당귀, 삼칠은 혈을 보양해줌과 동시에 출혈을 멎게 한다. 이러면 뭉치고 엉킨 것이 자연히 흩어지고 혈붕도 멈춘다.

평언 : 이 처방에 관중탄 3돈을 가미하면 효과가 더욱 좋다.

(6) 넘어져서 생긴 혈붕

부인이 높은 곳에서 추락하였거나 넘어졌을 때에도 혈붕처럼 아래로 출혈하는데, 이런 것을 혈붕으로 치료한다면 아무 효과가 없고 오히려 해를 입을 수 있다. 이 증후는 손으로 눌러보면 통증이 나타나며 얼굴의 색깔은 누르스름하고 광택이 없으며 오래되면 형체가 메마르는데 모두 어혈의 작간으로서 혈붕과는 비교가 안 된다.

가령 어혈을 없애주어야 하는 것을 모르고 나름대로 보양해주고 지혈한다면 어혈이 속으로 들어가면서 통증이 멎지 않으며 혈도 새롭게 생성되지 못하고 어혈도 없어지지 않는다. 치료는 혈을 잘 운행되게 하고 어혈을 없애며 활약시켜 통증을 멎게 한다. 이러면 출혈도 자연히 멎으면서 병이 완치된다.

추어지혈탕

재료 : 생지 1냥(술에 볶는다), 대황 3돈, 적작 3돈, 단피 1돈, 당귀미 5돈, 지각 5돈(볶는다), 구판 3돈(식초에 볶는다), 도인 10알(물에 담갔다가 연마한다)

이를 물에 달여 복용한다. 1첩이면 통증이 경해지고 2첩이면 통증이 멎는다. 3첩이면 출혈이 멎으므로 더 복용할 필요가 없다.

이 처방의 장점은 혈의 운행을 활성화시키는 약물에 막힌 것을 쓸어버린 듯 없앰과 동시에 지혈효과도 뛰어나다는 것이다. 어떤 이들은 추락으로 인한 외상이 속을 손상한 내상보다는 중요하지 않다고 생각할 수 있지만 만약 출혈이 발생하였다면 이것은 이미 경한 증상을 넘어선 것이다.

이는 내상과 외상의 중요함을 비교하는 것이 아니라 근본은 실하고 허하지 않으면 다스릴 필요가 없고 다만 표면적인 어혈만 없애주면 된다는 도리를 모르기 때문이다. 이런 것을 가리켜 '급하면 표면의 병을 먼저 다스린다.'고 한다.

평언 : 무릇 질타 손상으로 혈을 뱉거나 혈을 토하는 경우라면 이 치료방법이 적당하다. 만약 위장에 혈이 모인 경우라면 천후박 1돈 반을 생강즙에 볶아서 배합할 수 있다.

(7) 혈해가 너무 뜨거워 발생한 혈붕

부인이 성생활을 하고 나면 출혈을 하는데 이것이 혈붕과 흡사할 때 사람들은 흔히 포태가 손상된 것을 성생활을 하면서 건드려 혈이 악화된 것이라고 생각한다. 하지만 이는 자궁과 혈해가 너무 뜨거워서 혈을 지켜주지 못해서 발생하는 증상이다.

자궁은 포태의 아래에 있으며 혈해는 자궁의 위에 위치하고 있다. 혈해는 곧 충맥이다. 충맥이 한랭하면 혈이 부족해지고 충맥이 너무 뜨거우면 혈이 들끓게 된다. 혈붕의 발생은 곧 충맥이 너무 뜨겁기 때문이다. 이는 또한 성생활과 관계가 있다.

비장이 튼튼하면 혈을 통솔하고 보호하며 간장의 기능이 정상이면 혈은 간에 저장된다. 성생활을 하기 전에는 군화와 상화가 움직이지 않으므로 비록 충맥이 뜨겁다 해도 혈이 겉으로 나가지 않는다.

성교를 하려고 할 때에는 자궁이 크게 열리고 군화와 상화도 움직이면서 열이 열을 불러들여 서로 호응하고 뭉쳐 혈해가 범람하게 된다. 그래서 간은 혈을 저장하려 해도 저장하지 못하고 비장이 혈을 보호하려고 해도 통제하지 못하므로 성생활을 하면 곧 출혈한다. 그 출혈이 빠른 이유는 바로 화로 인해 발생한 병이기 때문이다.

치료는 음을 자양하고 화를 눌러주는 방법으로 혈해의 열을 없애고 자궁을 편하게 해주어야 한다. 이러면 평생의 질병이 반년이면 낫는다. 그러나 3개월간은 성생활을 금지해야 효과가 있다.

청해환

재료 : 대숙지 1근(9번 찐다), 산수유 10냥(찐다), 산약 10냥(볶는다), 단피 10냥, 북오미자 2냥, 맥문동육 10냥, 백출 1근(흙에 볶는다), 백작 1근(술에 볶는다), 용골 2냥, 지골피 10냥, 건상엽 1근, 원삼 1근, 사삼 10냥, 석곡 10냥

위의 14가지를 각각 가루 내어 합친 뒤에 달인 꿀에 오동자(벽오동나무 씨앗)만큼 크게 환을 짓는다. 그리고 조석으로 5돈씩 뜨거운 물에 복용한다.

반년이면 병이 완치된다. 이 처방은 음을 보양해주지만 혈이 흐트러지거나 마구 운행되는 우려가 없으며 혈을 거두어들이지만 냉해지는 폐단도 없다. 약을 복용하는 시간을 날로 계산한다면 효과가 뚜렷하다고 말할 수

없으나 달로 계산한다면 그 효과가 뚜렷하다. 효과는 점차적으로 나타나
고 나중에는 자궁이 선선해지고 안정되어 혈해도 자연히 튼튼해진다.

　가령 병의 근원을 치료하지 않고 표면적인 부분만 다스리면서 발회, 백
반, 황련탄, 오배자 등 약가루로 외부적인 치료만 시술하면 혈을 멎게 할
수록 혈은 더 흐르면서 환자의 사망을 초래할 수 있다.

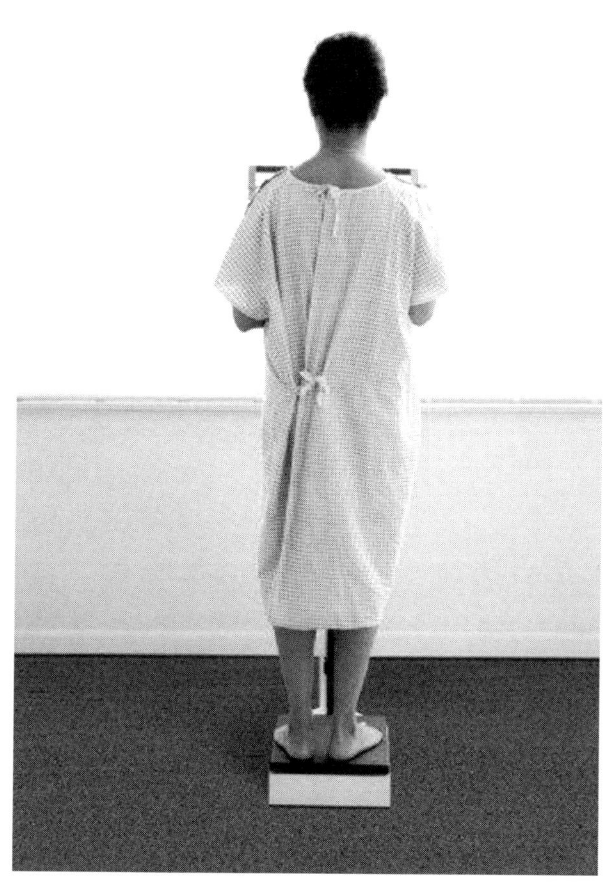

3. 귀태

(1) 기혼여성의 귀태

기혼여성의 배가 임산부처럼 불러오나 일 년이 다 되도록 출산하지 않거나 심지어 2~3년이 되도록 해산하지 않으면 이를 귀태(鬼胎)라고 한다. 환자는 얼굴이 누렇고 수척해 보이며 근육이 메마르고 배가 매우 부르다. 이는 음탕한 사기(姒邪)가 뱃속에서 엉켜 귀태가 형성되어 나타난 증상이다.

병에 금방 걸렸을 때는 인지하지 못하지만 점차 배가 커지며 월경이 흐르지 않고 뱃속 안팎으로 서로 연결되어 마치 임신한 배와 같은 형상을 하게 되고 또 단단하지만 실은 귀태인 경우가 많다.

이 증상에 대한 치료는 어지럽고 부패한 것을 밀어내야 한다. 그러나 몇 년 되도록 없어지지 않으면 귀태가 아니더라도 기와 혈이 허해진다.

하물며 귀태는 진짜로 임신해서가 아니기에 필경 사기가 왕성하고 정기가 사기를 당해내지 못하고 주눅이 들었기 때문에 발생한 것으로 너무 강한 약을 사용해서는 안 된다. 그래서 이 증상에는 반드시 보양해줌과 동시에 사기를 몰아내야 한다.

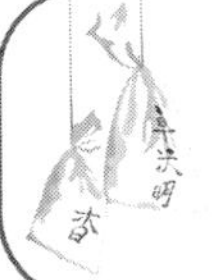

탕귀탕

재료 : 인삼 1냥, 당귀 1냥, 대황 1냥, 뇌환 3돈, 천우슬 3돈, 홍화 3돈, 단피 3돈, 지각 1돈, 후박 1돈, 도인(작은 알) 30알

이를 물에 달여 복용한다. 1첩이면 장이 울리는 소리가 크게 나면서 어

지러운 것을 반통이나 배설하며 한 첩 더 복용하면 병이 나으므로 3첩까지 복용하지 않아도 된다.

위 처방은 비록 보양해주는 것과 동시에 사기를 몰아낸다고 하지만 작용이 신속하고 효과가 크기 때문에 원기를 손상할 우려가 있다. 그래서 이 처방에서는 뇌환을 써서 어지러운 부패물을 배설시켜 버리는데 대황을 배합하였으므로 어지러운 것들을 깨끗하게 없어지게 한다.

홍화와 도인 등은 혈을 잘 운행시키고 어혈을 잘 없애 사기가 뱃속에서 머무르는 것을 막아준다. 또 인삼과 당귀를 사용하여 기와 혈을 보양해주기 때문에 사기를 없애도 정기는 손상되지 않는다.

만약 뇌환과 대황만으로 배설시킨다면 기와 혈을 잃을 우려가 있다. 만약 귀태이지만 기혼자이면서 혼자지내는 여성처럼 아직 진기를 잃지 않았다면 기천사의 **신정홍화벽력산**을 사용할 수 있다.

홍화 반근, 대황 3냥, 뇌환 3냥을 물에 달여 복용하면 귀태를 없앨 수 있다. 그러나 앞에서 말했듯이 이 처방은 작용이 너무 신속하고 효과가 큰 편이라 자칫 주의하지 않으면 기혈을 손상시킨다. 그러므로 실제 임상에서 잘 참작하여 사용해야만 한다.

평언 : 위 증상에 대해 의학적인 논리가 부족하다고 하지만 이는 민간에서는 흔히 볼 수 있는 증상이므로 주의하여 살펴야 한다.

(2) 미혼여성의 귀태

처녀가 월경이 갑자기 중단되고 배가 임산부처럼 부풀어 오르며 얼굴색이 일시적으로는 붉거나 희며 촌관척 3부맥이 잠깐은 컸다가 다시 잠깐 작게 박동하면 사람들은 흔히 혈이 엉키고 막혀서 온 폐경의 한 증상이라고 생각하기 쉽다.

하지만 이는 인체의 정기가 허하여 사기가 침범함으로 인해 생긴 증상이다. 이 증상은 정신이 황홀하면서 꿈속에서 사랑을 하거나 눈앞이 아물거리고 어지러울 때 상대방의 몸을 범하였거나 쾌락을 즐긴다.

대부분의 환자가발병 초기에는 두려워 증상을 숨기다가 나중에는 음란한 일로 여겨 부끄러워 숨기는 경우가 많다. 그러나 시간이 지나면서 배가 크게 부풀어 오르고 전신의 정혈을 사기의 공급에 밖에 미치지 못하여 사기는 날로 왕성해지고 정기는 날로 쇠퇴하게 된다. 이러면 월경이 흐르지 못하고 혈이 고갈된다.

그래서 비록 월경을 이끌어 흐르게 하려고 해도 사기가 복부에 있으므로 이를 해결하지 못하면 월경은 흐르지 못한다. 이는 혈을 생성하려 해도 사기가 음식물의 영양을 삼키므로 혈이 생성되지 못하기 때문이다.

이러한 증상에 대한 치료는 장기를 보양해주고 사기를 몰아내야 하는데, 사기가 없어지지 않은 상태에서 정기를 보양해준다면 아무런 도움이 안 된다. 반드시 사기를 없애버린 뒤에 정기를 보양해 주어야 효과를 볼 수 있다.

탕사산

재료 : 뇌환 6돈, 도인 60알, 당귀 1냥, 단피 1냥, 감초 4돈

이를 물에 달여 복용한다. 1첩이면 어지러운 것이 반통이나 밀려나가는데 이때는 조정탕을 복용한다.

조정탕

재료 : 백출 5돈, 창출 5돈, 복령 3돈, 진피 1돈, 패모 1돈, 의미 5돈

이를 물에 달여 복용한다. 연속 4첩을 복용하면 비위의 기가 안정되면서 월경이 점차 흐르기 시작한다. 앞의 처방은 사기를 없애고 뒤의 처방은 정기를 보양해주는데 선후순서가 확실하다.

어떤 이들은 몸에 귀태가 생기면 우선 혈을 크게 손상시키면서 월경이 멎게 되는데, 귀태가 이미 없어졌으니 당연히 혈을 크게 보양해주어야 하는데 위기만 보양하는 것에 대한 의문을 가질 수 있다. 귀태가 사람에게 침범한데 에는 정기가 크게 허해졌기 때문임을 알 수 있다.

기가 허해지면서 혈은 빨리 생성되지 못한다. 혈을 보양해 주려면 반드시 기를 먼저 보양해 주어야 하는데 기를 보양해주면 혈은 자연히 생성된다. 백출과 창출로써 위의 양(陽)을 보양해주어 양기가 왕성해지면 음란한 사기가 접근하지 못한다. 이것은 적절한 뒷마무리 방법이다.

가령 음을 보양하는 약을 위주로 사용한다면 음이 음을 불러들일 수 있기 때문에 귀태가 밀려나갔다고 해도 다시 침범하지 않는다고 말하기 어렵다. 때문에 양기를 보양해주는 것이 당연한 방법으로 기를 따라 혈이 자연히 생성된다.

평언 : 위 처방은 안정하는 작용이 큰 방법이다. 증상에 대해 부끄러워 장기간 방치한다면 노채병으로 인해 사망할 수도 있다. 위의 처방으로 증상을 다스리되 만약 효과가 없다면 **계향평위산**을 사용하면 효과가 없는 경우는 거의 없다.

또한 병이 나은 뒤 기와 혈을 조리하고 보양해 주어야 하며 음식을 잘 조절해야 한다.

계향평위산

① 육계 1돈(거친 껍질을 버린다), 사향 1돈을 보드랍게 가루 내고 끓인 물에 오동나무 열매만한 크기의 환을 만든다.
② 이를 빈속에 끓인 물로 복용한다.
③ 반나절 정도 지나서 평위산 1첩을 복용한다.
④ 그런 다음 창출 3돈(죽물에 볶는다), 후박 2돈(생강즙에 볶는다), 광진피 1돈, 지실 2돈(술에 볶는다), 전당귀 1돈(술에 볶는다), 천궁 1돈(술에 씻는다)을 복용한 뒤 어지러운 것들이 밀려 나온다.
⑤ 만약 밀려나오지 않는다면 평위산을 1첩 더 복용하는데 이때 육계와 사향은 사용하지 않는다.

4. 월경

(1) 주기가 앞당겨지는 월경

여성의 월경이 앞당겨지면서 월경의 양이 몹시 많으면 사람들은 흔히 혈에 열이 심해서 발생된다고 생각한다. 그러나 이런 증상이 발생하는 원인은 신중의 수액과 화가 너무 왕성하기 때문이다. 수액이 왕성하면 혈도 많아진다.

이 증상은 체내의 기능이 너무 왕성하여 나타난 병이지 부족해서 생긴 것은 아니다. 그래서 약을 쓰지 않아도 임신이 될 것 같지만 신장에 수액과 화가 너무 왕성해지면 자궁도 몹시 뜨거워지므로 임신하기 힘들며 또 열이 있어 남자의 정액을 말라들게 할 우려도 있다.

즉 과한 것을 덜어줄 필요가 있는데 그러므로 신장의 화는 제멋대로 과잉되어서는 안 되고 수액 또한 부족해서도 안 된다. 치료방법은 열을 조금 없애고 수액은 밀어내지 않는 처방을 사용한다.

청경산

재료 : 단피 3돈, 지골피 5돈, 대숙지 3돈(9번 찐다), 백작 3돈(술에 볶는다), 청호 2돈, 황백 5푼(소금물에 담갔다가 볶는다), 백복령 1돈

이를 물에 달여 복용한다. 2첩을 복용하면 화가 가라앉는다.

이 처방은 화를 없애는 처방이지만 또 수액을 자양하는 약물도 있으므로 화가 밀려나가지만 음액은 부족해지지 않는다. 그러므로 열을 없애는 방법으로 신체를 보양하고 튼튼하게 해주는 목적을 달성할 수 있다.

또 월경이 앞당겨지면서 그 양은 1~2방울 밖에 흐르지 않으면 사람들은 혈에 열이 심하기 때문이라고 생각하는데 실은 그것은 신장에 있는 화가 성하여 음수가 부족해졌기 때문이다.

다같이 월경이 앞당기는 것인데도 불구하고 허실을 나누는 이유는 부인의 월경을 조절한다는 것 자체가 어려운 일이므로 병세를 세밀하게 분별하지 않으면 약물을 사용한다고 해도 효과가 나타나지 않기 때문이다.

월경이 앞당겨지는 것은 화기가 손상을 받았기 때문이므로 월경 양의 많고 적음으로 검증해볼 수 있다. 월경이 앞당겨지고 양이 많으면 화와 열이 성하고 수액도 많음을 의미하며, 양이 적으면 화가 성하고 수액이 부족한 것을 반영한다.

가령 월경이 앞당겨졌다고 해서 모두 열이 과한 것으로 인정해버려 화만 밀어내고 수액을 보충해주지 않거나 혹은 화와 수액을 다같이 밀어낸다면 병은 과중될 것이 뻔하다.

이런 경우의 치료방법은 화를 밀어낼 것이 아니라 수액만 보충해주어 수액이 충족해지면 화가 저절로 가라앉는다.

양지탕

재료 : 대생지 1냥(술에 볶는다), 원삼 1냥, 백작약 5돈(술에 볶는다), 맥문동육 5돈, 지골피 3돈, 아교 3돈

이를 물에 달여 복용한다. 4첩을 쓰면 월경이 고르게 된다.

이 처방은 지골피, 생지로서 속에 깊이 든 열을 없앤다. 열이 깊은 곳에 있게 된 것은 신경에 열이 있기 때문이다. 그러므로 속 깊이에 든 열을 없애면 신기가 맑아져 위기도 손상되지 않는데 이것이 곧 이 처방의 장점이다. 하물며 이 처방은 단순히 음액을 보양하는 약물들로만 배합하였으므로 수액이 충족되면 화는 저절로 평정된다.

평언 : 부인과의 질병에서 월경을 조절해주는 일은 가장 힘든 일이다. 월경이 고르게 나와야 병이 없으며 월경이 고르지 못하면 여러 가지 병이 발생한다.

치료의 원칙은 당연히 병의 근원을 찾고 월경이 고르지 못한 원인을 상세하게 찾고 약을 써야 효과를 볼 수 있다. 이 책에서는 월경이 앞당겨지는 경우, 늦어지는 경우, 선후가 고정적이지 않은 경우로 나누었지만 잉태, 대하 등에 관해 서술된 부분도 함께 참조해야 더 정확하게 병을 진단하고 치료할 수 있다.

(2) 주기가 늦어지는 월경

부인이 월경이 늦어지고 양이 많으면 사람들은 혈이 허(虛)해서라고 단순하게 생각하기 쉽다. 하지만 이는 혈이 허해서 생기는 것이 아니다.

월경이 얼마나 늦게 오는가에 따라서 성질이 서로 다른 경우들이 있으므로 다 같은 경우라고 볼 수 없다. 월경이 늦어지고 양이 적으면 혈에 한기가 있지만 혈은 부족하지 않다. 월경은 신에서 근원되었지만 오장육부의 혈은 다 월경으로 생성된다. 때문에 여러 경맥의 혈들이 다 모여들어야 월경이 흐르기 시작한다.

자궁이 신속하게 열리지 않는데다 또 열렸다가 금방 닫혀버리면 경맥의 혈들은 그 짧은 틈을 타서 흘러나오기 때문에 혈은 흘렀지만 수량은 부족하다. 치료의 원칙은 중초를 따뜻하게 해주고 한기를 없애준다. 그러므로 월경이 늦어진다고 다 혈이 충족되었다고 할 수는 없다.

온경섭혈탕

재료 : 대숙지 1냥(9번 찐다), 백작 1냥(쑥에 볶는다), 천궁 5돈(술에 볶는다), 백출 5돈(흙에 볶는다), 시호 5푼, 오미자 3푼, 속단 1돈, 육계 5푼(거친 것을 버리고 가루 낸다)

이를 물에 달여 복용한다. 3첩을 복용하고 나면 월경이 고르게 흐른다. 이 처방은 간, 신, 비의 정혈을 크게 보양해주는데 육계를 가미하여 한기를 몰아내고 시호로 간기의 뭉침을 풀어준다. 그러므로 보양해줌과 아울러 헤쳐주면 기가 소모되지 않게 한다.

또 보양함과 동시에 밀어내면 밀어내면서도 음(陰)을 손상하지 않는다. 때문에 보양하고 덥게 하면서 효과를 낸다.

이 처방은 월경을 조절하는 비방이지만 월경이 늦어지는 모든 경우를 본 처방으로 치료할 수는 없다. 만약 원기가 부족한 경우라면 이 처방에는 인삼 1~2돈 가미할 수 있다.

(3) 선후가 헛갈리는 월경

부인이 월경이 있다가 다시 없고 없다가 다시 오며 혹은 앞당겨지거나 혹은 뒤로 연기되면 사람들은 기와 혈이 허하기 때문이라고 생각하기 쉬운데 사실은 간기가 뭉치고 엉켰기 때문이다. 월경은 신(腎)에서 생성되는데 간(肝)은 신의 자식쯤으로 생각할 수 있다.

간기가 뭉치면 신기도 뭉치게 된다. 신이 뭉치면 기(氣)가 펼쳐지지 못하기에 월경은 앞당겨지거나 늦어지며 끊겼다가도 다시 오게 되는데 이것은 신기가 통하다가 막히기 때문이다.

어떤 이들은 간기가 뭉쳐도 신기가 응하지 않으면 그렇게 되지는 않는다고 말하는데 이는 자모(子母)의 관계가 밀접함을 알지 못하기 때문이다. 자식이 되는 장(腸)에 병이 들면 어머니가 되는 장은 당연히 자식을 돌보게 된다. 간기가 뭉쳤기 때문에 신기가 돌보지 않을 수 없다.

그러니 간기가 열리거나 막히면 신기도 펼쳐지거나 혹은 머무르면서 서로 영향을 줄 수밖에 없다. 이 증상의 치료원칙은 간기의 뭉침을 소통해주는데 이러면 곧 신기의 뭉침을 펼쳐주고 열어주는 것이다. 일단 간과 신기의 뭉침이 펼쳐지고 통하면 월경은 일정한 시간에 따라 흐르게 된다.

정경탕

재료 : 토사자 1냥(술에 볶는다), 백작 1냥(술에 볶는다), 대숙지 5돈(9번 찐다), 산약 5돈, 형개수 2돈(검게 볶는다), 시호 5푼, 백복령 3돈

이 처방을 물에 달여 복용한다. 2첩이면 월경이 깨끗해지며 4첩을 복용

하면 월경이 제시간에 흐른다.

이 처방에서 주의할 사항은 간과 신의 기를 펼쳐주는 처방이지 월경을 통하게 하는 처방이 아니며, 간과 신의 정혈을 보양해주는 처방이지 수액을 잘 운행되게 해주는 처방도 아니라는 것이다. 간과 신의 기를 잘 소통하게 해주고 정혈을 잘 통하게 해주면 정혈도 왕성해지고 수액도 잘 운행된다. 월경을 직접 치료하지 않으면서도 병을 낫게 하는 것이 곧 이 처방의 장점이다.

평언 : 지금까지의 3개의 조항들은 월경을 조절함에 대한 변증과 논거가 매우 확실하며 처방의 조성이 적절하다. 그러나 임시적이거나 혹은 외감, 내상의 경우에는 효과가 없을 수 있다. 만약 외감을 겸하였을 때는 이 처방에 소엽 1돈을 가미하고 내상을 겸하는 경우는 신곡 2돈(볶는다)을 가미한다. 육식에 체하였으면 동산사육 2돈을 가미한다. 임상에서는 반드시 증세에 따라 참작하여 응용해야 한다. 만약 간기가 뭉친 경우라면 소요산을 주 처방으로 하고 열이 있으면 치자탄, 단피를 가미하는데 곧 가미소요산이다.

(4) 몇 달에 한 번씩 흐르는 월경

월경주기는 정상이나 몇 달에 한 번씩 월경이 흐르고 또한 주기와 그 양도 정상적인 경우라면 사람들은 흔히 큰 병이 없는 것이라고 생각하기 쉽다. 하지만 그것은 병태가 아님을 모르기에 흔히 갖는 생각이다.

기본적으로 병이 없는 사람은 기(氣)와 혈(血)도 부족하지 않다. 당연히 기혈이 부족하기 때문에 월경은 정상적이 아닌 몇 달에 한번 흐르는 것이다. 여성들 가운데는 선천적인 선골(仙骨)이 있는데 이런 여성은 달로 계산을 하면 맞지 않다. 진기가 속에 저장되어 있으므로 신에 있는 진양은 부족해지지 않으며 그에 따라 몸을 단련한다면 1년 내내 몸 상태는 좋다.

대부분의 사람들은 이러한 이치를 모르고 월경이 달을 따라 흐르지 않으면 분명 병이 있는가 생각하여 함부로 약을 쓰는 경우가 있는데 이는 오히려 병을 만들 수 있다.

조선단

재료 : 백복령 5돈, 진피 5돈, 백출 3돈(흙에 볶는다), 백작 3돈, (술에 볶는다), 산약 3돈(볶는다), 토사자 2돈(술에 볶는다), 두중 1돈(검게 볶는다), 감초 1돈

이를 물에 달여 복용한다. 4첩을 복용하면 예전과 같게 되므로 더 이상 복용하지 않는다.

이 처방은 보양하는 작용에 있어서는 그 어느 장부에도 치우치지 않는다. 비장의 기를 튼튼하게 해주고 신기를 북돋아주지만 막히지 않으며, 뭉친 것을 풀어주고 담을 없애지만 설사하지 않으며, 기와 혈을 손상하지 않고 월경을 조리해주는 훌륭한 처방이라고 할 수 있다.

(5) 노년에 다시 흐르는 월경

여성이 50이 넘었거나 혹은 60~70세가 되었는데 갑자기 없던 월경이 발생하고 검붉은 핏덩이가 섞여서 나오거나 혹은 붉은 피가 새는 경우가 있다. 이를 일부 사람들은 회춘(回春)의 한 현상으로 생각하기 쉬운데 이는 혈붕이 발생한 것임을 정확하게 알아야 한다.

부인은 49세(7*7=49)세가 지나면 천계가 고갈된다고 한다. 그러니 이때 음을 자양하고 양기를 보양하는 약을 쓰지도 않았는데도 젊은 여성처럼 월경이 생길 수는 없다. 당연히 월경이 없어야 할 시기인데도 월경이 생기는 것은 바로 간이 혈을 저장하지 못하고 비장이 혈을 통솔하고 틀어쥐지 못하기 때문이지, 정(精)을 많이 발설하고 명문(命門)의 화가 발동된 것이 아니며 곧 간기가 너무 뭉치면서 신화와 상화가 발동되면서 혈을 아래로 발설했기 때문이다.

이러한 출혈증상은 마치 월경과 비슷하지만 실제로는 월경이 아니다.

이런 경우에 간과 비장의 기와 혈을 크게 보양해주지 않는다면 출혈이 신속하게 멎을 수 없다.

안노탕

재료 : 인삼 1냥, 황기 1냥(생것으로), 대숙지 1냥(9번 찐다), 백출 5돈(흙에 볶는다), 당귀 5돈(술에 볶는다), 산수유 5돈(찐다), 아교 1돈(해합분에 볶는다), 흑개수 1돈, 감초 1돈, 향부자 5돈(술에 볶는다), 목이탕 1돈

이를 물에 달여 복용한다. 1첩이면 출혈량이 적어지기 시작하고 2첩이

면 더욱 적어진다. 4첩을 복용하면 출혈은 없어지고 10첩이면 완치된다.

이 처방은 간과 비장의 기를 보양해주는데 기가 충족해지면 혈을 생성하고 통제할 수 있다. 특히 신수를 크게 보양해준다. 신수가 충만하면 간기는 자연히 풀리고 간기가 풀리면 비장도 자연히 자양을 받게 된다는 이치이다.

이러면 간장은 혈을 저장하고 비장은 혈을 통솔할 수 있게 되므로 출혈과 혈붕의 발생에 대해 걱정하지 않아도 된다.

평언 : 관중탄 1돈을 가루 내어 약물에 타서 복용하면 효과가 더욱 크다.

(6) 월경이 흐르다가 끊기고
때로는 아프다가 아프지 않은 경우

월경이 갑자기 있다가 없어지고 때로는 아프다가 아프지 않으며 열이 나다가 오한이 나면 사람들은 흔히 혈이 응결되고 막혔기 때문이라고 생각한다. 이는 간기가 뭉쳤기 때문에 발생한 증상이다.

간은 목(木)에 속하며 혈을 저장하며 풍한을 가장 심하게 꺼린다.

여성이 월경이 흐를 때면 주리가 크게 열리는데 이때 풍사와 한사가 침입하면 간기가 막혀서 통하지 못하기 때문에 월경이 흐를 통로가 막혀버린다. 이런 원인으로 주리와 경락들의 기가 풀어지지 못하면서 오한과 발열이 교차되면서 나타난다. 만약 이때 사기가 양분으로 들어가면 열이 나고, 음분으로 들어가면 오한이 난다.

그러나 이런 경우는 경(輕)한 경우이다. 가령 풍한이 더욱 심하다면 속에 있는 열과 호응하면서 열이 더욱 심해지고 열사가 혈실로 들어가므로 발광하는 증상이 나타난다. 만약 오한이 나다가 열이 나는 증상뿐이면 풍한은 아직 심하지 않고 열도 심해지지 않았음을 의미한다.

치료의 원칙은 간의 혈을 보양해주고 뭉친 것을 통하게 하고 풀어주면 바로 효과가 나타난다. 이런 것을 가리켜 '소위 풍(風)을 치료하려면 먼저 혈을 다스려야 한다.'는 것이다. 이로써 혈이 정상기능을 발휘하면 풍이 저절로 가라앉는다.

가미사물탕

재료 : 숙지 1냥(9번 찐다), 백작 5돈(술에 볶는다), 당귀 5돈(술에 볶는다), 천궁 3돈(술에 볶는다), 백출 5돈(볶는다), 분단피 3돈, 원호 1돈(술에 볶는다), 감초 1돈, 시호 1돈

이를 물에 달여 복용한다.

이 처방은 사물탕으로 비위의 음혈을 자양해주고 시호, 백작, 단피로는 간경에 뭉쳐있는 풍사를 풀어 없애주며 감초, 백출, 원호로 허리와 배꼽 부위의 기를 조절해주어 복통을 멎게 하며 또 표리 사이에로 들어가 경락이 속으로 잘 통하게 하는데 약물 사용이 합당하므로 효과가 매우 빠르다.

(7) 월경 전 복통

대부분의 여성이 배가 아프다가 월경이 흐르기 시작한다. 그런데 이때 월경의 양이 많고 검붉은 핏덩이가 섞여 나가는 사람들은 한기가 극히 심하기 때문이라고 생각하는데 사실은 열과 화가 심하게 뭉쳐서 생긴 증상이다. 간은 목에 속하며 그 속에는 화가 들어있다.

간기가 풀어지면 월경도 잘 흐르며 간기가 뭉치면 월경도 잘 흐르지 못한다. 때문에 월경이 시작되려고 해도 간이 응하지 않으면 기가 억제되고 막히면서 통증이 발생된다. 그러나 월경이 가득 찼으면 속에 저장되어 있을 수 없고, 또 간에 뭉쳐 화가 성해지면서 월경을 압박하게 되어 월경은 배출된다. 이러면 간에 있는 화도 월경과 함께 겉으로 발설되게 된다.

월경의 색깔이 검붉은 것은 혈과 화가 서로 뒤섞여 있기 때문이며 핏덩어리가 섞여 나가는 것은 화가 혈에 영향을 주었기 때문이다.

월경이 정상적으로 흐르지 못하는 것은 간화가 뭉쳐있어서 정상적인 통제기능을 상실했기 때문이다.

치료원칙은 간에 있는 화를 크게 밀어내는 것이 관건이다. 그러나 주의할 것은 간화를 밀어낸다고 해도 간기의 뭉친 것을 풀어주지 않는다면 열의 근원은 없어지지 않아 큰 효과를 볼 수 없다.

선울통경탕

재료 : 백작 5돈(술에 볶는다), 당귀 5돈(술에 씻는다), 단피 5돈, 산치자 3돈(볶는다), 백개자 2돈(볶아서 가루 낸다), 시오 1돈, 향부자 1돈(술에 볶는다), 천울금 1돈(식초에 볶는다), 황금 1돈(술에 볶는다), 생감초 1돈

이를 물에 달여 복용한다. 연속 4첩을 복용하면 다음날 월경이 흐르기 전에 배가 아프지 않다. 이 처방은 간혈을 보양해주고 간기의 뭉친 것을 풀어주어 간기가 잘 소통되게 해줄 뿐만 아니라, 간화를 눌러주는 효과가 있어 신속하게 약효가 듣는다.

(8) 월경 시 아랫배 통증

여성이 월경이 흐르기 시작한 뒤 아랫배가 아프면 사람들은 기와 혈이 허하기 때문이라고 생각하는데 이는 신기가 허해지고 말라들기 때문이다.

월경은 인체의 진수에 의해 생기고 신장의 지배를 받으며 월경이 가득 차면 흐르고 부족하면 흐르지 않는다. 신수가 허하면 간목을 생성해주지 못하기 때문에 간목이 비토를 억제하고 서로 항쟁하면서 기가 거슬리므로 배가 아프다.

그러므로 당연히 간기를 풀어주게 하는 것을 위주로 하고 또 신수를 보양해주는 약물을 배합하여 치료해야 한다. 이러면 수액이 충족해지고 간기도 안정하고 거슬리지 않으며 순조롭게 운행된다.

간기가 안정되면 거슬리던 기가 순조롭게 운행되므로 자연스럽게 치료할 수 있다.

조간탕

재료 : 산약 5돈(볶는다), 아교 3돈(밀가루에 볶는다), 당귀 3돈(술에 씻는다), 백작 3돈(술에 볶는다), 산수유 3돈(쪄서 익힌다), 파극 1돈(소금물에 담근다), 감초 1돈

이를 물에 달여 복용한다. 이 처방은 간기의 정상기능을 회복시키고 조리해주며 기가 거슬리지 않게 해주고 기가 뭉쳐서 아픈 경우를 잘 다스린다. 이 처방으로 간기를 조절해주면 가장 훌륭한 효과를 얻을 수 있다.

또한 이 처방은 월경이 시작된 뒤 배가 아픈 경우만을 치료하는 처방이 아니다.

평언 : 월경 전 혹은 월경이 시작된 뒤에도 효과가 아주 좋다. 단 이 약물을 사용할 때는 다른 약물을 가감하지 말아야 한다.

만약 다른 증후를 겸하였고 또 이 처방을 위주로 써야하는 경우 이 처방에 상관되는 약물을 가미할 수는 있지만 약물을 한 가지라도 빠뜨려는 안 된다.

(9) 월경 전 복통과 혈을 토하는 경우

여성이 월경이 흐르기 1~2일 전에 갑자기 배가 아프고 혈을 토하면 흔히 화와 열이 극심해서 그렇다고 생각하는데 이는 간기가 거슬리는 것이 그 원인이다.

간(肝)의 성질은 몹시 급하므로 간기가 순조롭게 통하면 기의 운동도 정상적으로 진행되며 간기가 거슬리면 기가 정상적으로 흐르지 못하므로 혈도 영향을 받게 된다.

일부의 사람들은 월경이 역행하는 원인을 신장에만 결부시켜 간과는 연관이 없다고 생각한다. 그래서 월경이 역행하면서 심지어 혈까지 토하는 이유를 알지 못한다. 그런데 이러한 원인을 따져보면 다음과 같다.

소음의 화가 왕성해지면서 급해지며 간화의 힘을 얻으면 곧게 위로 올라가며 그 기세 또한 빠르다. 따라서 아래로 내려가야 할 혈이 오히려 위로 거슬러 올라가면서 혈을 토하게 되는 것이다. 그러니 간이 혈을 저장하지 않아서 혈을 토하는 것이 아니며 또 다른 경맥의 원인으로 혈을 토하는 것과도 다른 원인인 것이다.

기타 경맥의 원인으로 혈을 토하는 경우는 흔히 내상으로 인하여 형성된 것이고, 월경이 위로 거슬리면서 토하는 경우는 당연히 혈이 아래로 흘러야 하는데 아래로 순조롭게 흐르지 못하고 반대로 위로 오르면서 발생되는 것이다. 이 두 가지 경우는 서로 확연히 다르지만 기가 거슬려서 발생되는 것이라는 점에서는 동일하다.

우선 간의 소통기능을 회복시켜주어야 하지만 정기를 북돋아주고 신기는 보양해주지 않아도 될 것 같다. 그러나 월경이 위로 거슬려서 혈을 토하는 경우이기 때문에 혈을 크게 손상하는 우려는 없지만 반복하여 혈을 토하면 신기가 손상되지 않을 리 없다. 그러므로 처음부터 신기를 보양해 주는 것과 동시에 기가 순조롭게 운행되게 해주어야 한다.

순경탕

재료 : 당귀 5돈(술에 씻는다), 대숙지 5돈(9번 찐다), 백작 2돈 (술에 볶는다), 단피 5돈, 백복령 3돈, 사삼 3돈, 흑개수 3돈

이를 물에 달여 복용한다. 1첩이면 토혈이 멎고 2첩에는 월경이 순조롭게 아래로 흐르며 10첩이면 재발하지 않는다.

이 처방은 신기를 보양하고 월경을 조절해주는 것과 동시에 혈을 경맥으로 운행되게 하며 기를 순조롭게 운행되게 한다. 그래서 간기가 거슬리지 않으면 신기도 순조로워지며 신기가 순조로우면 월경이 거꾸로 흐르는 일은 당연히 없게 된다.

평언 : 장년의 여성들이 혈을 토하는 경우가 있는데 이를 노환의 일부로 보고 치료하는 것은 위험하다.

만약 노환으로 치료하면 당연히 간기가 거슬리면서 노환이 아님에도 불구하고 노환이 발생하게 된다. 이 처방에 천초 1돈, 회우슬 8푼을 기하면 효과가 더욱 훌륭하다.

(10) 월경 전 배꼽 아래 통증

여성이 월경이 흐르기 3~4일전이면 배꼽아래가 칼로 에는 듯이 아프고, 어떤 때는 열과 오한이 교차되며 그 색은 검정콩 즙낸 색과 같은 경우 흔히 혈이 몹시 뜨겁기 때문이라고 하는데 이는 하초에 한기와 습이 서로 뒤섞였기 때문에 일어난 현상이다. 한습은 곧 사기이다.

여성은 충맥과 임맥이 있는데 하초에서 시작되었으며 충맥은 혈해이고 임맥은 포태를 주관하는데 포태를 가리켜 혈실이라고 한다. 충맥과 임맥은 정기가 서로 잘 통해야 정상기능을 발휘할 수 있으므로 사기의 침범을 가장 꺼려한다.

월경은 이 두 개의 경맥에서 밖으로 흘러나오는데 한사와 습사가 이 두 개 경맥에 침범하면 기능이 혼란스러워지고 또 정기와 사기가 서로 항쟁하면서 통증이 발생하는데 사기가 성할수록 정기가 더 허해진다. 한기가 체내에서 수액과 혈을 응결하기 때문에 혼탁한 물질이 생성되어 검정콩 색깔의 액체 같은 것을 흘리게 된다.

치료방법은 습을 빠져버리게 하고 한기를 없애버려야 한다. 이러면 충맥과 임맥도 사기의 교란을 받지 않기에 배꼽 아래가 아픈 고통을 받지 않게 된다.

온제화습탕

재료 : 백출 1냥(흙에 볶는다), 백복령 3돈, 산약 5돈(볶는다), 파극육 5돈(소금물에 담근다), 편두 3돈(볶아서 찧는다), 백과 10매(찧는다), 건련지 30매(속을 버리지 않는다)

이를 물에 달여 복용한다. 반드시 월경이 시작되기 10일 전에 복용해야 한다. 4첩이면 사기가 물러가며 월경이 잘 흐르게 되고 또 임신할 수 있게 된다. 이 처방은 백출로 하여 허리와 배꼽의 기가 잘 운행되게 해주며 파극, 백과로 임맥이 잘 통하게 해주며 편두, 산약, 연자로 충맥을 보호해준다. 때문에 한사와 습사가 사라지면 월경이 자연히 흐르게 되면서 임신이 가능해지는 것이다.

혹시 복통이나 열로 인한 것으로 처방하여 약을 잘못 복용하면 충맥과 임맥이 허해지고 냉해지면서 부작용이 생긴다.

평언 : 충맥과 임맥의 기는 잘 통하는 것이 중요하다. 이것이 아래로 내려가게 되면 안 되므로 창출, 의이인 같은 약을 사용하지 않는다. 다른 경우에도 이를 참조할 수 있다.

(11) 월경의 양이 너무 많은 경우

여성의 월경 양이 너무 많거나, 월경이 끝났다 다시 시작되면서 얼굴이 누렇게 메마르고 몸이 몹시 권태하며 점점 무력함을 느낀다면 대부분의 사람들은 혈에 열이 있고 왕성하기 때문이라고 생각한다.

하지만 이는 혈이 허하여 경맥으로 들어가지 못하기 때문에 발생하는 현상이다.

혈은 경맥으로 들어가고 잘 운행되면 왕성하여도 월경의 양이 많아지지는 않으며, 혈이 부족하더라도 혈이 경맥으로 들어가지 못하면 월경의 양은 적지 않다는 원리이다.

따라서 월경의 양이 많은 것은 혈이 허하기 때문이다. 그러므로 월경이 끊어졌다가 다시 시작하면 혈이 부족하고 정도 부족하여 골수가 공허해지므로 얼굴을 자양해주지 못하여 얼굴색이 변하게 된다.

이 치료방법은 당연히 혈을 크게 보양해줌과 동시에 경맥으로 들어가게 해주어야 한다.

가감사물탕

재료 : 대숙지 1냥(9번 찐다), 백작 3돈(술에 볶는다), 당귀 5돈(술에 씻는다), 천궁 2돈(술에 씻는다), 백출 5돈(흙에 볶는다), 흑개수 3돈, 산수유 3돈(찐다), 속단 1돈, 감초 1돈

이를 물에 달여 복용한다. 4첩이면 혈은 경맥으로 들어가 운행하게 되며 10첩을 복용한 뒤에는 인삼 3돈을 가미하고 또 10첩을 복용하는데 다음번 월경이 시작되면 더 이상 복용하지 않는다.

사물탕은 보혈작용이 우수한 처방이다. 여기에 백출과 형개를 가미하면 혈을 보양해줌과 아울러 혈을 잘 운행되게 한다.

산수유, 속단을 가미하면 혈을 멎게함과 아울러 혈을 잘 운행되게 하며, 감초를 가미하여 여러 약물들이 서로 잘 어울리고 각자의 기능을 충분히 발휘하게 한다. 이에 혈은 충족해지고 경맥으로 들어가 잘 운행되면서 혈을 너무 많이 흘리지 않게 된다.

평언 : 형개수탄은 혈을 이끌어 경맥으로 들어가게
한다. 이 처방의 배합은 극히 잘 되어있다. 그러니 경솔히 가감해
서는 안 된다.

(12) 월경에 앞서 물 같은 것이 흐르는 경우

이 증상은 월경 전 3일 동안 물 같은 것을 흘리는 것을 말한다.

이러한 증상을 사람들은 혈이 왕성하기 때문이라고 생각하는데 이는 비
기가 허해서 발생한 현상이다. 비장은 혈을 통솔하는데 비기가 허해지면
서 혈을 보호하지 못하기 때문이다. 또 비는 습토에 속하는데 비기가 허하
면 토(土)도 실하지 못하고 토가 실하지 못하면 습이 더욱더 심해진다.

때문에 월경이 시작되려고 할 때 비기가 견고하지 못하고 비가 통솔하여
혈해에 주입될 때 습이 그 틈을 타서 먼저 아래로 흐르기 때문에 월경에
앞서서 물과 같은 것을 흘리고 나중에 월경이 흐르기 시작한다.

월경을 조절하려면 습 보다 혈을 다스려야 하며 혈을 먼저 다스리기 전
에 먼저 기를 보양해야 한다. 그리하면 기가 왕성해지면서 혈도 생성되고
기가 왕성해지면 습도 자연히 없어지면서 월경도 순조롭게 흐르게 된다.

> ### 건고탕
>
> 재료 : 인삼 5돈, 백복령 3돈, 백출 1냥(흙에 볶는다), 파극 5돈
> (소금물에 담근다), 의이인 3돈(볶는다)

이를 물에 달여 연달아 10첩을 복용하면 월경 전에 물과 같은 것을 흘리지 않는다. 이 처방은 비기를 보양해 주어 혈을 견고하게 통솔할 수 있게 한다. 이러면 기는 혈을 통솔하고 또 비기가 왕성해지면 습은 자연히 없어지게 된다. 습이 없어졌다면 월경은 자연히 순조롭게 흐를 수 있으니 치료할 수 있게 된다.

평언 : 비만한 여성이 임신하지 못하는 경우를 참작한다면 이 처방의 효과를 쉽게 알 수 있다.

(13) 월경 전 대변에 피가 섞이는 경우

월경이 시작 하루 전에 대변에 피가 섞여 나오면 사람들은 흔히 혈붕으로 생각하기 쉽다. 하지만 이는 월경이 대장으로 흐르기 때문에 발생한 것이다. 대장과 월경의 경로는 따로 있지만 포태는 위로 심(心)에 통해있고,

아래로는 신(腎)에 연결되어있기 때문에 이런 현상이 발생할 수 있다.

만약 심과 신이 서로 교통하지 못하면 포태의 혈이 들어갈 곳이 없어질 뿐만 아니라 심경과 신경의 기도혈을 따뜻하게 해주고 틀어쥐지 못하기에 혈은 제멋대로 운행하면서 소장으로 흘러들지 않고 대장으로 가게 된다.

만약 대장의 혈만을 멎게 하는 치료법만 쓴다면 혈을 멎게 할수록 혈은 더 많아진다. 만약 삼초(三焦)의 기를 움직이고 손상시킨다면 혈은 더욱 제멋대로 흐르면서 멎지 않는다.

월경이 정상 경로로 운행하지 못하는 것은 심과 신이 서로 교통하지 못하기 때문인데 수(水)와 화(火)가 서로 어울리게 하지 않고 포태만 다스린다면 포태의 기가 경맥으로 들어가지 못하므로 혈도 경맥으로 들어가지 못한다.

때문에 심과 신을 크게 보양해주어 서로 교통하게 해주면 포태의 기가 흩어지지 않으면서 혈도 대장으로 흐르지 않게 되므로 월경이 자연스럽게 본래 경로로 흐르게 된다.

순경양안탕

재료 : 당귀 5돈(술에 씻는다), 백작 5돈(술에 볶는다), 대숙지 5돈(9번 찐다), 산수육 2돈(찐다), 인삼 3돈, 백출 5돈, 맥문동 5돈(속을 빼버린다), 흑개수 2돈, 파극육 1돈(소금물에 담근다), 승마 4푼

이를 물에 달여 복용한다. 2첩이면 대장으로 흐르던 혈이 멎고 전음으로 흐른다. 3첩이면 월경이 멎음과 동시에 임신이 가능해진다.

이 처방은 심, 간, 신 3개의 경맥의 기를 크게 보양하는 약물로 구성되었다. 포태는 돌보지 않았지만 포태의 기가 들어갈 곳이 생겨나게 된 것은 심과 신기가 서로 교통되게 해주었기 때문이다.

대개 심과 신기가 허해지면 포태의 기가 서로 분리되고 심과 신기가 충족되면 포태의 기와 서로 합쳐진다. 심과 신이 서로 분리되지 않으면 포태의 기도 따라서 통제를 받게 되므로 이런 증상을 예방할 수 있다.

또한 주의할 것은 이 증상에 대한 치료로 심과 신기만 보양해주면 된다고 생각하는데 이는 간은 신의 자식이고 또 심의 어머니가 되기 때문에 간목에 대한 보양을 빠뜨리면 안 된다.

간을 보양해주면 간기가 소통작용을 발휘하여 심과 신장 사이로 왕래하면서 심기를 이끌어 신으로 내려가게 하고 신기를 이끌어 심으로 올라가게 해주므로 도와주는 작용뿐만 아니라 심과 신을 서로 교접시켜 월경을 조절하게 된다.

평언 : 만약 대변으로 하혈이 심하고 정신이 올바르지 못하며 점점 여위면, 이는 간기가 오랫동안 뭉쳐서 비기를 손상시키고 비기가 혈을 조절하지 못하여 발생된 것으로 잘 분별하여 시술해야 한다.

보혈탕

재료 : 연한 황기 2냥(절반은 생것으로 절반은 포제 한 것으로 선택), 당귀신 4돈(술에 씻고 검게 볶는다), 항백작 2돈, 백출(흙에 볶는다), 두중 2돈(볶아서 실이 끊어지게 한다), 형개탄 2돈, 건강탄 2돈, 관중탄 1돈

이를 물에 달여 복용한다. 4첩이면 완치된다.

병이 완치된 뒤에는 수량을 절반으로 줄이고 2첩을 더 복용한다. 월경이 대장으로 흐를 때는 대변으로 혈이 섞여나가는데 발병 초기에는 월경이 그릇된 경로로 흐르지만 정신의식은 평상시와 같다.

만약 비기가 허하여 혈을 통솔하지 못한 이유로 출혈하는 것이라면 정신도 평상시와 같지 않으므로 의사의 정확한 판단을 받아야 한다.

(14) 노년기도 아닌데 월경이 없는 경우

옛 의학서적에는 여성의 나이가 7*7=49세가 되면 천계가 막혀 통하지 않는다고 했다. 그런데 49세가 안되었는데도 월경이 중단되었다면 흔히 혈이 고갈되면서 월경이 중단된 것이라고 생각한다.

하지만 이 증상의 원인은 심, 간, 비장의 기가 뭉치면서 월경이 중단된 것이다. 월경은 원래부터 혈이 아니라 선천적인 생리현상으로 신장에서 생긴다. 여성의 월경은 그 색이 혈처럼 붉지만, 혈은 아니며 천계(天癸)라고 부른다.

일반적으로 사람들은 월경을 혈이라고 인식하면서 월경이 일찍 중단되면 신수가 노쇠하고 고갈되면서 발생한 증상으로 여기지만 사실 이는 심, 간, 비 이 3개의 장부의 기가 뭉치고 잘 통하지 못하기 때문이다.

그것은 신수의 생성은 원래 심, 간, 비장에서 온 것은 아니지만 신수의 생화와 기능은 실제로 심, 간, 비장과 관계되기 때문이다.

만약 비토(脾土)가 신수(腎水)를 제약하지 못하면 신수가 범람하여 심화(心火)를 꺼버리게 되고 신기(腎氣)가 기화작용을 상실하게 된다.

만약 심화가 물의 억제를 받지 못하면 화가 치밀면서 폐금(肺金)을 불사르기 때문에 신기를 생성하지 못한다. 또 간목(肝木)이 폐금의 억제를 받지 못하게 되어 간목이 비토를 너무 억제하기에 신기가 생성되지 못한다.

가령, 심, 간, 비장에서 그 어느 한 장의 경맥의 기가 뭉치고 잘 통하지 못한다면 그 장기의 기가 신장으로 들어가지 못하게 된다. 하물며 심, 간, 비장의 기가 모두 뭉쳤고 신기가 충족해 있는 상태라면 월경이 당연히 흐를 수 없다.

그래서 이를 치료하는 방법으로는 심, 간, 비장의 뭉친 기를 풀어주어 잘 통하게 하고 신수를 크게 보양해주면서 심, 간, 비장의 기도 크게 보양해주어야 한다. 이러면 신의 정기가 충족되고 넘치면서 월경은 자연히 발생하게 된다.

익경탕

재료 : 대숙지 1냥(9번 찐다), 백출 1냥(흙에 볶는다), 산약 5돈(볶는다), 당귀 5돈(술에 씻는다), 백작 3돈(술에 볶는다), 생산조인 3돈(찡어서 부순다), 단피 2돈, 사삼 3돈, 시호 2돈, 두중 1돈(검게 볶는다), 인삼 2돈

이를 물에 달여 복용한다. 연속으로 8첩을 복용하면 월경이 흐른다. 30첩을 복용하면 월경이 막혀서 통하지 못하는 일이 다시 발생하지 않으며 또 임신도 가능하다.

이 처방은 심, 간, 비, 신장을 동시에 치료하는 약물로 이루어져 있어서 그 효과는 보양과 소통과 풀어주는데 있다.

　가령 보양만 하면 뭉쳐있는 기가 풀리지 못해 화가 생기고, 풀어주기만
하고 보양해주지 않는다면 기가 더욱 손상되고 정이 소모된다.

5.불임증

(1) 몸이 수척해지는 불임

부인이 몸이 수척해지고 오래도록 임신이 안 되면서 남편과 성생활을 하고 나면 아침까지 오래도록 누워 앓으면서 일어나지 못하는 경우가 있다.

보통은 이런 증상에 대해 사람들은 기(氣)가 허(虛)하기 때문이라고 판단하는데, 이는 혈이 허하기 때문에 발생하는 증상이다. 흔히 사람들은 혈(血)은 간에 저장되어 있고, 정(精)은 신(腎)에 저장되어 성교 시 신에 저장되었던 정액이 배설하니 혈과 관계가 없다고 생각하기 쉽지만 이는 간기가 열리지 않으면 정을 배설하지 못하며 신에 저장된 정이 배설되었다고 해도 간기는 풀어지지 못한다는 원리를 모르기 때문이다.

신은 간의 어머니로서 신장의 음정을 배설하고 갈라주어 간을 자양해주지 못하면 간목이 건조해지고 신장이 약하여 화가 성해지면서 양기를 손상하므로 신장은 더욱 허하게 된다. 하물며 여윈 사람의 경우는 원래 화가 성한데 또 정을 배설한다면 수액이 더욱 부족해지고 화가 더욱 성해지게 된다.

수액은 화를 억제할 수 있지만 신에 저장된 정이 부족해졌기 때문에 임신할 수 없다. 때문에 피곤하고 움직이기 싫어하며 누우려고만 하게 된다.

이런 여성들은 화가 쉽게 동하며 그 화가 탐욕으로 간목에서 생겨난다. 또 음이 허하고 건조하여 생기는 화이지 인체의 생명활동에 필요한 화가 아니다. 때문에 성교를 하지 않으면 몰라도 성교만 하면 정액이 쉽게 배설되어 버린다.

이것은 음이 허하고 화가 왕성한 것이기에 임신할 수 없는 것이며 우연히 임신이 되더라도 화가 남자의 정자를 말라버리게 하므로 유산하는 경우가 많다.

이 증상의 치료방법은 신수를 크게 보양해주는 것과 아울러 간목의 화를 눌러주어야 한다. 이러면 신음이 왕성해지고 신양도 왕성해지며 또 혈이 왕성하고 잘 운행되면 화도 가라앉게 되므로 물이 위에 있고 화가 아래에 있게 되어 임신이 잘된다.

양정종옥탕

재료 : 대숙지 1냥(9번 찐다), 당귀 5돈(술에 씻는다), 백작약 5돈(술에 볶는다), 산수육 5돈(쪄서 익힌다)

이를 물에 달여 3개월간 복용하면 몸이 튼튼해지면서 임신이 가능해진다. 이 처방은 혈을 보양해줄 뿐만 아니라 음정을 북돋아서 음정이 가득하면 자궁은 쉽게 정자를 받아들이고 통솔할 수 있게 된다.

혈이 충족해지면 자궁은 태아를 쉽게 가질 수 있게 하는데 다만 성욕이 너무 왕성하고 또 그것을 절제하지 못하는 경우에는 효과를 보지 못하는 경우가 있다. 이 처방을 3개월간 복용하면서 성생활을 어느 정도 절제하고 마음을 편히 하면 충분히 임신이 가능하게 된다.

평언 : 약을 3개월간 복용하였는데도 임신이 안 되면 이 처방에 두중 3돈(볶아서 실이 끊어지게 한다), 속단 2돈, 백출 5돈(흙에 볶는다), 운령 3돈을 가미한다. 몇 첩을 더 복용하면 임신할 수 있다.

(2) 가슴이 답답하고 음식이 당기지 않는 불임

부인이 입맛이 없어지고 가슴이 꽉 막힌 느낌이 들며 답답하고 온종일 피로하면서 누워 잠만 자려고 하고 성생활을 하고 나면 신음하며 눕는다면 사람들은 흔히 비위의 기가 허하기 때문이라 판단하지만 이 증상은 신기가 부족하기 때문에 발생한다.

정상적으로 비기는 위로 올라가야 하고 아래로 빠져 내려가면 안 된다. 비기가 상초로 올라가야만 비위가 음식물을 소화하고 수송할 수 있으며 비기가 하초로 함몰되어 내려가면 음식물을 소화하고 수송하지 못한다.

사람은 음식물의 정미물질의 공급을 받지 못하면 자연히 피곤을 느낀다. 그러므로 비위의 기가 위로 올라가지 못하고 아래로 빠져 내려가서는 안 된다는 것은 당연한 이치이다.

비위의 기는 비위에서 소화하고 흡수한 영양물질에서 생성된다.

만약 신장에 저장된 수기(水氣)가 없다면 비장도 영양물질을 생성하고 수송하지 못한다. 오직 신장에 수액과 화기가 있어야만 비위의 기도 위로 올라가게 되고 아래로 빠져 내려가지 않는다.

그렇기 때문에 비위의 기를 보양해주면서 신장의 수기와 화기를 급히 보양해주지 않으면 안 되는 것은 당연한 것이다.

그래서 치료방법은 반드시 신기를 위주로 보양해주어야 한다. 그렇지만 신을 보양해주면서 비위를 보양해주지 않는다면 신장의 수기와 화기가 위로 올라가지 못하게 된다.

이를 물에 달여 3개월간 복용하면 신기가 크게 왕성해지며 1개월 더 복용하면 임신하지 않을 수 없다. 이 처방은 기를 보양해주는 약물이 정을 보양해주는 약물보다 더 많으므로 비위를 위주로 보양해준다.

비위가 튼튼해지면 정은 쉽게 생성된다.

이것은 곧 비위의 기가 혈을 보양해주면 신장의 정기와 수액을 보양해주는 것이다. 또 정을 보양해주는 약물을 사용하면 음기가 자연히 충족되고 양기가 쉽게 상초로 올라갈 수 있게 된다.

평언 : 가슴이 답답하고 임신이 안 되면 사람들은 비위가 허하고 냉해서 음식을 소화하지 못한다고 생각하고 비위를 부축하고 음식을 소화시키는 처방을 하는데 이러면 신기가 더욱 허해져서 임신이 어렵다. 이 처방의 장점은 신화를 보양해주면서 육계, 부자와 같은 약물을 사용하지 않고 신기를 보양함에 있다.

그리하여 비위의 기가 다시 함몰되지 않으면 대백의 기가 충만해지고 자궁이 따뜻해지므로 임신이 쉬워진다.

(3) 아래의 수기가 냉한 불임

여성이 아래가 냉하여 불을 쪼여야 하고 성교할 때도 질에 온기가 느껴지지 않는 경우를 말한다. 이러한 증상을 선천적인 영향으로 돌리기 쉽지만 이는 포태가 한랭하기 때문에 발생하는 증상이며 당연히 임신이 어렵다. 그래서 정액이 사정되어도 여성의 포태가 차가우면 정액은 배설되어 버리고 만다. 포태는 심장과 신장사이에 있는데, 위로는 심장과 연계되고 아래로는 신장과 연계되어 심장과 신장의 화가 쇠해져서 이렇게 포태가 한랭해진다. 때문에 포태를 치료하려면 먼저 심장과 신장의 화를 보양해주어야 한다.

온포음

재료 : 백출 1냥(흙에 볶는다), 파극 1냥(소금물에 담근다), 인삼 3돈, 두중 3돈(검게 볶는다), 토사자 3돈(술에 담갔다가 볶는다), 산약 3돈(볶는다), 검실 3돈(볶는다), 육계 2돈(거친 것을 버리고 연마한다), 부자 3푼(포제 한다), 보골지 2돈(소금물에 볶는다)

이를 물에 달여 한 달 동안 복용하면 포태가 따뜻해진다.

이 처방의 경우 심을 보양해주는 것과 동시에 신장을 보양해주고 심장을 따뜻하게 해주어 증상을 치료한다. 그리하여 심과 신장의 기가 왕성해지면 심과 신장의 화도 저절로 생성되면서 포태의 한기가 흩어지고 사라진다. 그러니 포태가 한랭하여 정자가 바로 배출되는 일은 없게 된다.

만약 탕약을 환약으로 만들어 조석으로 복용하면 정(精)을 조절할 수 있기 때문에 임신이 안 되는 일은 없다.

(4) 가슴이 답답하고 음식을 많이 먹지 못하는 불임

평소에 마음은 편하고 안정되어 있는데 음식을 적게 먹으며 음식을 조금만 먹어도 불편하고 혹은 구역질이 나며 설사하고 가슴과 횡격 부위가 답답한 증상을 느끼면서 임신하지 못하는 경우를 말한다. 보통 선천적인 증상이라고 생각하는데 이는 비위가 허하고 냉하기 때문이다. 비위가 허하고 냉한 원인은 심과 신이 허하고 냉하기 때문이다.

위토(胃土)는 심화가 아니면 생성되지 못하고 비토(肥土)는 신에 저장된 화가 아니면 생성되지 못한다.

심과 신의 화가 쇠해지면 비위가 생성과 수송작용을 상실하게 되므로 음식물을 소화하여 정미물질로 만들고 수송해주지 못한다. 음식물의 정미물질을 생성하지 못하니 진액이 포태로 수송되지 못한다. 그러니 포태를 따뜻하게 해주어 태아를 양육하려 해도 임신을 하지 못한다. 어쩌다 임신이 되었다고 하더라도 대맥이 무력하기에 결국은 낙태하고 만다.

비장의 어머니는 신장에 있는 명문이고 위의 어머니는 본래 심포락이다.

비위를 따뜻하게 해주려면 반드시 신과 심장경맥의 화를 보양해주어야 한다. 이러면 어머니의 화가 왕성해지면서 자식도 당연히 약해지지 않으며 어머니의 열이 왕성해지면 자식도 한랭하지 않는다. 이는 자식이 병이 들면 어머니를 다스린다는 이치의 치료방법이다.

온토육련탕

재료 : 파극 1냥(속을 빼버리고 술에 담근다), 복분자 1냥(술에 담갔다가 찐다), 백출 5돈(흙에 볶는다), 인삼 3돈, 회산약(볶는다), 신곡 1돈(볶는다)

이를 물에 달여 한 달 동안 복용하면 임신이 될 수 있다.

이 처방은 비위를 따뜻하게 보양해 줄뿐만 아니라 명문의 화와 심포의 화를 보양해주는데 약물의 종류는 적지만 4개 경맥을 동시에 돌보는데 있다. 명문의 심포의 화가 왕성해지면 비위가 한랭해질 우려가 없으며 자식과 어머니가 서로 돌보면 가정의 화합과도 같이 음식을 많이 먹을 수 있고 소화와 기화도 잘되기에 혈이 왕성해지면서 포태를 자양하고 대맥도 힘을 얻어 낙태를 걱정할 필요가 없다.

평언 : 음식을 많이 먹지 못하고 임신이 안 되는 경우는 가슴이 답답하고 음식이 당기지 않는 경우와 관계되므로 한 방면으로는 신중의 기를 보양해주고, 한 방면으로는 명문과 심포락의 화를 보양해주어야 한다. 약물의 종류는 얼마 안 되지만 군, 신, 좌, 사(君臣佐使)의 사용이 잘 조화되므로 상세하게 참조해서 보아야 한다.

(5) 아랫배가 답답하고 숨이 찬 불임

아랫배가 답답한 느낌이 들고 편하지 못하며 임신이 안 되는 경우가 있다. 이는 일반 사람들에게는 좀 생소한 증상으로 대맥에 경련이 일어난 경우이다. 대맥은 허리와 배꼽을 얽매주는 역할을 하므로 항상 느슨하게 유지되어야 한다. 대맥이 긴장되는 것은 허리와 배꼽의 기에 이상이 생겼기 때문이다.

다시 허리와 배꼽 부위의 기의 이상은 비위의 기가 부족하기 때문이다. 비위의 기가 허하면 곧 허리와 배꼽 부위의 기가 막히게 되어 대맥도 긴장하게 되면서 잇달아 포태를 끌어당기게 된다.

이러면 사정하여 정액을 곧 포태로 들어가게 하더라도 포태가 그것을 간직하고 생장시킬 수 없기 때문에 유산할 수밖에 없다.

하물며 성생활을 절제하지 못하면 당연히 이런 가운데 임신이 안 되거나 유산할 수밖에 없는 것이다. 그러므로 대맥이 긴장하면 임신이 안 되는 것은 당연하다. 이 치료방법은 대맥의 긴장을 재빨리 이완시키는 것이다.

그런데 대맥의 긴급은 재빨리 이완시키기 어려우므로 먼저 허리와 배꼽 부위의 기를 잘 통하게 하고 운행되게 해주어야 한다.

허리와 배꼽부위의 기를 잘 통하고 운행되게 하려면 반드시 비위의 기와 혈을 보양해주어야 한다. 그래서 허리와 배꼽부위의 기가 잘 통하고 운행되면 대맥도 이완되면서 생육은 어렵지 않다.

관대탕

재료 : 백출 1냥(흙에 볶아서), 파극육 5돈(술에 담근다), 보골지 1돈(소금물에 담근다), 인삼 3돈, 맥문동 3돈(속을 빼버린다), 두충 3돈(검게 볶는다), 대숙지 5돈(9번 찐다), 육종용 3돈(깨끗이 씻는다), 백작 3돈(술에 볶는다), 당귀 2돈(술에 씻는다), 오미자 3푼(볶는다), 건련지 20알(속을 버리지 않는다)

이를 물에 달여 4첩을 복용하면 아랫배가 답답하고 긴장되었던 증상이 없어진다. 1개월 정도 지나면 임신할 수 있다.

이 처방의 특징은 비위를 보양해줌과 아울러 허리와 배꼽부위의 기를 잘 통하게 해주고 운행되게 한다는 것이다. 이러면 대맥은 자연히 느슨해지므로 포태도 태아를 임신할 수 있게 한다.

어떤 이들은 이 처방에서 오미자와 백작의 신맛으로 대맥이 더 긴급해질 것이라고 생각하는데 이는 대맥이 긴장되는 것은 기와 혈이 허해서임을 모르기 때문이다. 기와 혈이 허하면 대맥을 습윤하게 자양해주고 따뜻하게 해주지 못하기에 경련이 일면서 펴지 못한다.

작약의 신맛은 간목을 부드럽게 해주어 비토를 억제하지 못하게 하며, 오미자의 신맛은 신장의 수액을 생성되게 해주는데 이러면 신장의 수액이 대맥을 습윤하게 자양해준다.

이처럼 작약과 오미자는 이 병에 장애요소가 될 것 같지만 실질적으로는 큰 도움이 된다는 것을 의심할 여지가 없다.

평언 : 불임 치료방법은 대맥과 포태 이 두개의 범위를 초월하지 않는다.

(6) 질투로 인한 불임

　부인이 평소에 마음이 좁고 질투가 많으며 종일 울적해하면서 임신하지 못하는 경우이다. 이는 간기가 뭉침으로 인한 불임으로, 무릇 임신하면 심맥은 거침없고 매끄럽게 박동해야 하고 비맥은 느슨하고 부드러워야 하며 신맥은 왕성하여 진맥하는 손가락을 튕기는 느낌이 들어야 임신맥이라 할 수 있다.

　심, 간, 비의 3부맥(심맥, 비맥, 신맥 : 심, 비, 신의 맥을 진찰할 때 나타나는 정상 맥박)이 뭉쳐 희미하게 나타나면 임신하는 경우가 드물다. 3부맥이 뭉치고 희미하게 나타나면 필연적으로 간기가 심하게 뭉치고 소통하지 못하기 때문이다. 만약 간맥이 뭉치지 않았다면 심과 신맥이 몹시 뭉쳐서 소통하지 못하기 때문일 것이다.

　맥과 기는 부모와 자식 간의 의탁관계처럼 잉태한 맥이 나타나는 것은 기가 뭉치지 않았음을 반영하는 것이다. 마찬가지로 기가 뭉치면 잉태하지 못한다는 것은 간목이 뭉쳐 소통이 안 되는 것이고 비토를 너무 억제하면 비토의 기가 막혀 통하지 못하여 허리와 배꼽의 기가 불리해지면서 임맥과 대맥으로 통하지 못하고 대맥이 막혔기 때문이다.

　대맥이 막혀 통하지 못하나 이는 당연히 포태의 문도 막혀 정자가 안으로 들어갈 수 없어 임신이 안 되는 것이다. 이때 치료방법은 4개의 경맥에 뭉친 기를 풀어주어 잘 통하게 함으로써 포태가 문을 열게 하는 것이다.

개울종옥탕

재료 : 백작 1냥(술에 씻는다), 향부자 3돈(술에 볶는다), 당귀 5돈(술에 씻는다), 백출 5돈(흙에 볶는다), 단피 3돈(술에 씻는다), 복령 3돈(껍질을 벗긴다), 화분 2돈

이를 물에 달여 1개월간 복용하면 뭉치고 엉킨 기가 풀리고 소통된다. 뭉친 것이 풀리면 임신할 수 있게 되고 질투하는 성질도 바뀌는데 이때 성생활을 한다면 잠깐 사이에도 임신할 수 있다.

이 처방의 특징은 간기를 풀어주어 얽매였던 비기가 풀어지면서 심, 신에 있는 기도 잇달아 풀어지게 하는데 있다. 때문에 허리와 배꼽 부위의 기도 임맥으로 거침없이 통하게 되므로 자궁의 문을 열어주지 않아도 문은 저절로 열리게 된다.

이 처방은 비단 질투심이 많은 사람만을 대상으로만 하는 것은 아니다.

평언 : 처방은 평범하고 특이한 점이 없는 것 같지만 질투를 없애고 임신을 가능하게 해주므로 무시할 것이 아니다. 임신이 되었는데도 질투심이 의연하면 혈이 뭉쳐지면서 유산할 가능성이 커진다.

다행으로 유산이 안 되고 아이를 낳아도 아이는 잘 자라지 못할 수 있다. 따라서 이때 처방으로는 **해투음**과 합방하여 복용하면 된다. 이는 반드시 성격을 바꾸어야 효과가 더 크다.

해투음

재료 : 기장쌀, 좁쌀 각각 90알, 밀(생것으로) 49알, 작은 검정콩 49알, 콩(볶아서 익힌다), 수수쌀 각각 55알

(7) 비만으로 인한 불임

부인이 몸이 비만하고 담이 심하여 임신이 안 되는 경우이다. 사람들은 흔히 기가 허하다고 생각하는데 이는 습이 성해서 발생하는 증상이다.

습은 흔히 아래로부터 침입하는데 외사라고도 한다. 그러나 비만한 사람의 습은 외부로부터 침입한 것이 아니라 비토의 병리 변화로 인한 것이다.

비토에 병리변화가 발생하였다면 음식물을 소화하고 기화하여 사지를 자양하지 못하므로 몸이 수척하고 약해지는 것으로 오히려 비만하다고 말할 수 없다.

그것은 습이 성하면 비만해지고 비만한 사람은 기가 허하며 기가 허하면 담음이 생기게 되는데 겉으로는 건강해보이나 실질적으로 속은 허하기 때문이다. 속이 허하면 기가 쇠약해진다. 기가 쇠약하여 수액을 운행하지 못하므로 수액은 위장에 멈춰 정으로 진화되지 못하고 담으로 진화된다.

비장은 본래 습토에 속하는데 담이 많아지면 습은 더욱더 성해진다.

비장이 습을 받아내지 못하기에 수약이 포태에 침윤되고 오래도록 쌓여 없어지지 못하면 포태는 물바다로 된다. 또 비만한 여성은 체내의 지방이 많아 자궁을 가려 정자를 받아들이지 못하는 것은 필연적인 일이다. 하물며 포태에 물과 습이 성하니 남자가 건장하여 정자가 직접 자궁으로 들어간다고 해도 물과 습에 침몰되니 임신이 안 되는 것은 당연하다.

이때 치료방법은 반드시 물과 담을 없애는 방법을 위주로 해야 하지만 물과 담을 없애고 비위를 급히 보양해주지 않으면 양기가 왕성하지 못하므로 습과 담은 없어지지 않는다.

이를 물에 달여 8첩을 복용하면 담은 깨끗이 없어지고 10첩을 더 복용하면 자궁에 있던 물과 습이 없어지기에 정자를 쉽게 받아들여 임신할 수 있다. 이 처방의 특징은 비기가 위로 올라가게 하는데 이때에 성생활을 하면 체내의 물과 습은 오히려 아래로 빠져버린다.

동시에 본방은 위기를 도와 아래로는 수액이 진액으로 변화되게 해주고 위로는 담을 없어지게 한다. 그러므로 살을 빼는 약물을 쓰지 않아도 비만은 자연히 없어지므로 작용이 맹렬한 약으로 습을 아래로 빠지게 하지 않아도 아래가 자연히 잘 통하면서 물과 습이 빠져버린다.

체내의 양기가 충족해지면 정기를 받아들이고 틀어쥐게 되며 또 습이 없어졌기에 자연히 임신이 된다.

평언 : 10첩을 더 복용하고 두중 1돈 반(볶아서 실이 끊어지게 한다), 속단 1돈 반(볶는다)을 더 배합하여 복용하면 반드시 임신이 된다.

(8) 밤이면 속에서 열이 나는 불임

부인이 밤만 되면 속으로부터 찌는 듯한 열이 나고 몸이 불덩이처럼 뜨겁고 입과 혀가 마르며 기침을 하고 거품을 흘리면서 임신이 안 되는 경우이다. 일반적으로 음이 허해서 화가 동해 그런 증상이 생긴다고 하는데 이는 속에 열이 있기 때문에 발생하는 증상이다.

골수와 포태는 어떤 관계가 있는지 확실히 정의된 것은 없지만 포태는 오장 이외의 장기로서 음에도 양에도 속하지 않기에 오장에 귀속되지 않는다. 소위 음에도 양에도 속하지 않는다고 한 것은 위로는 심포와 연계되고 아래로는 명문에 연계되었기 때문이다. 위로는 심포에 연계되었기에 심에 통하였는데 심은 양에 속한다. 아래로는 명문에 연계되었기에 신과 통하는데 신은 음에 속한다.

이렇게 포태는 음에는 양이 있고 양에는 음이 있어 음양이 서로 관통되어 변화가 발생된다. 그렇지만 음양은 반드시 서로 협조되면서 그 어디에도 치우치지 않고 부족하지도 않아야 변화가 발생되고 생육할 수 있다. 만약 음이나 양에 치우치거나 혹은 그 어느 일방이 부족해지면 생육이 어려워진다.

포태는 신에 통하였고 골수는 신장의 정에서 생성되므로 골수에 열이 있으면 곧 신장에 열이 있게 되며 신장에 열이 있으면 포태도 뜨거워지지 않을 수 없다. 또 골수가 포태를 자양해주지 못하면 영아의 뼈가 생성되지 못한다. 골수가 너무 뜨거우면 뼈가 공허해지면서 몹시 뜨거운 화기만 남게 되니 당연히 영아를 생육할 수 없는 것은 당연하다.

그래서 치료방법은 공수의 열을 없애야 한다. 그렇지만 골수에 열은 수액이 부족해졌기 때문이므로 신장의 음을 보충해주어야 윤하고 생기가 넘쳐나므로 생육할 수 있다.

청골자신탕

재료 : 지골피 1냥(술에 씻는다), 단피 5돈, 사삼 5돈, 맥문동 5
돈(속을 빼버린다), 현삼 5돈, 오미자 5푼, 백출 3돈(흙에 볶는다),
석곡 2돈

이를 물에 달여 30첩 복용하면 찌는 듯한 열이 나는 것도 없어지고, 60첩까지 복용하면 임신할 수 있다.

이 처방의 특징은 신장의 정을 보양해주면서 속에 있는 열을 없애지만 직접 포태의 열을 없애지 않는 것인데 그것은 포태에는 본래 큰 열이 없었기 때문이다. 그러나 음이 허하고 속에 열이 있는 경우에도 쉽게 임신할 수 있지만 속에 열이 너무 심하면 정자를 받아들였다고 해도 쉽게 말라버리므로 태아가 발육될 수 없다.

이 증상은 본래부터 포태의 병으로 정자를 받아들이지 못하는 경우가 아니었으므로 신음을 자양해주고 너무 왕성해진 화기를 눌러주며 수액을 북돋아준다면 쉽게 생육할 수 있다.

평언 : 속에 열이 있으므로 숙지를 사용하지 말아야 한다. 이 처방은 매우 훌륭한 처방으로 임상에 응용 시 가감해서는 안 된다. 약물 작용이 준열한 처방을 사용할 경우에는 병이 10분의 7정도 나으면 약을 중지해야 하며 또 30첩이라든가 60첩이라든가 하는 수지에 구애될 요가 없다. 부동한 계절에 태어난 사람들이 서로 다르기 때문이다.

(9) 허리가 시큰하고 배가 팽창하는 불임

부인이 허리와 등이 시큰하고 가슴이 답답하며 배가 팽창하고 권태감이 나서 누우려고만 하는 경우를 말한다. 일반적으로 허리와 신장의 문제로 판단하기 쉽지만 이는 임맥과 독맥이 얽매였기 때문에 발생한 증상이다.

임맥은 인체의 앞면으로 순행하였고, 독맥은 인체의 뒷부분으로 순행하였다. 그러나 임맥과 독맥은 모두 대맥을 경과하여 인체의 상하로 순행하였으므로 임맥이 허해지면 인체의 앞면에 위치된 대맥이 잇달아 아래로 처지게 되고 독맥이 허하면, 인체의 뒷면으로 순행한 대맥이 아래로 처지게 된다. 그러므로 비록 정자를 받아들였다고 해도 유산될 수밖에 없다. 하물며 임맥과 독맥이 이미 허해졌다면 산하(疝瘕)증도 발생이 된다.

산하가 발생되어 겉으로 자궁을 방해하면 자궁이 산하에 둘러싸여 정자가 들어온다고 해도 그것을 받아들이지 못한다. 치료의 원칙은 산하(疝瘕)증을 먼저 치료하여 없애고 임맥과 독맥을 보양해주어야 한다.

— 승대탕 —

재료 : 백출 1냥(흙에 볶는다), 인삼 3돈, 사삼 5돈, 육계 1돈(거친 것을 없애고 다듬는다), 발제분 3돈, 별갑 3돈(볶는다), 복령 3돈, 반하 1돈(포제 한다), 신곡 1돈(볶는다)

이를 물에 달여 연속 30첩을 복용하면 임맥과 독맥의 기가 왕성해진다. 또 30첩을 복용하면 산하(疝瘕)증이 없어진다.

이 처방은 허리와 배꼽 부위의 기를 잘 운행되게 해주고 임맥과 독맥의 양기가 위로 올라가게 해준다. 임맥과 독맥의 양기가 위로 올라가면 산하

증상은 사라지게 된다.

이 처방에는 육계가 들어있어 한기를 헤쳐 없애고 발제로는 적체를 없애 버리며, 별갑으로 단단하게 엉킨 것을 풀어 없애고 복령으로 습을 빠져나가게 하면 잉태의 방해 물질들이 없어지고 복부에는 위로 상승하는 양기가 가득해지므로 임신이 안 될 수 없다.

(10) 소변이 윤기가 없고 배가 팽창하고 발이 붓는 불임

부인이 소변 배설이 힘들고 배가 팽창하면서 다리가 붓고 임신이 안 되는 경우이다. 일반적으로 소장에 열이 있기 때문이라고 생각하기 쉬운데 이는 방광의 기화가 되지 않기 때문에 발생한 증상이다.

방광은 포태와 가깝게 위치하고 있으므로 방광에 병이 발생하면 자연히 포태에도 병이 발생하게 된다. 물과 습은 반드시 방광으로 내려가야 하는데 방광은 스스로 수액을 기화하지 못한다. 반드시 신장의 기가 방광으로 들어가야만 수액을 기화하여 요도를 통해 체외로 배설시킬 수 있다.

가령 신장의 기가 방광으로 통하지 못하면 물과 습은 포태로 들어가면서 포태가 물바다가 되어 버린다.

이때 치료방법은 신기를 튼튼하게 해주어 포태로 들어간 수음을 없애야 하며 신장의 화를 북돋아 방광의 기화가 잘되게 해야 한다. 그리하여 선천적인 근본이 튼튼해지면 방광의 기화도 잘 되면서 포태의 습이 없어지기에 물바다가 되었던 밭은 이슬비를 맞아 습윤한 밭으로 된다.

수액이 잘 기화되면 방광의 배설도 거침없이 진행되며 화가 왕성해지면 포태도 따뜻해지니 자연스럽게 임신할 수 있게 된다.

화수종자탕

재료 : 파극 1냥(소금물에 담근다), 백출 1냥(흙에 볶는다), 복령 5돈, 인삼 3돈, 토사자 5돈(술에 볶는다), 검실 5돈(볶는다), 차전 2돈(술에 볶는다), 육계 1돈(거친 부분을 제거하고 연마한다)

이를 물에 달여 2첩을 복용하면 방광의 기화가 잘 되며 4첩이면 소변과 배설이 힘들던 증상이 없어진다. 또 10첩이면 배가 팽창하고 다리의 부종이 없어진다. 또 60첩이면 신기가 크게 왕성해지고 포태가 따뜻해지면서 잉태가 쉽고 임신이 가능해진다.

이 처방이 방광의 수액을 잘 배설되게 해줄 수 있는 것은 신장의 기를 보양함과 동시에 포태를 따뜻하게 해주고 신장의 화를 북돋아 주기 때문이다.

신장을 보양해주는 약물들은 습윤한 성질이 많으므로 습을 도와줄 수 있지 않을까 의문을 가질 수도 있지만 이 처방의 특징은 신장의 화를 보양해주는데 있지, 신장의 수액을 보양하지 않는다.

더욱 묘한 것은 화를 보양해주지만 건조해지고 열이 성할 우려가 없으며, 소변이 잘 배설되게 하지만 너무 심하게 배설시킬 우려도 없는 것이다. 때문에 방광의 기화가 잘 되고 포태가 습해지지 않으면 정상적으로 정자를 받아들이고 끊임없이 생육이 가능하다.

평언 : 소변이 잘 배설되지 않으며 배가 팽창하고 발등이 붓는 증상은 임상에서 많이 볼 수 있는 증상으로서 임신하지 못하는 경우뿐만 아니라 다른 병에서도 많이 볼 수 있고 오래도록 낫지 않는다. 심해지면 노채병으로 바뀌면서 치료가 안 되는 경우도 있다.

이 처방은 수액을 보양해주지만 습을 성하게 하지는 않으며 화를 북돋아주는 처방으로 한 가지 약물이라도 바꾸어서 넣으면 안 된다.

단, 만약 질이 좋은 육계가 없다면 파고지 1돈(볶는다)으로 육계를 대체하고 호두인 2개를 검게 구워 껍질을 벗겨버리고 속살을 취하여 약물을 사용한다. 만약 질이 좋은 육계가 있으면 호두인을 쓸 필요가 없다.

3장 임신과 출산

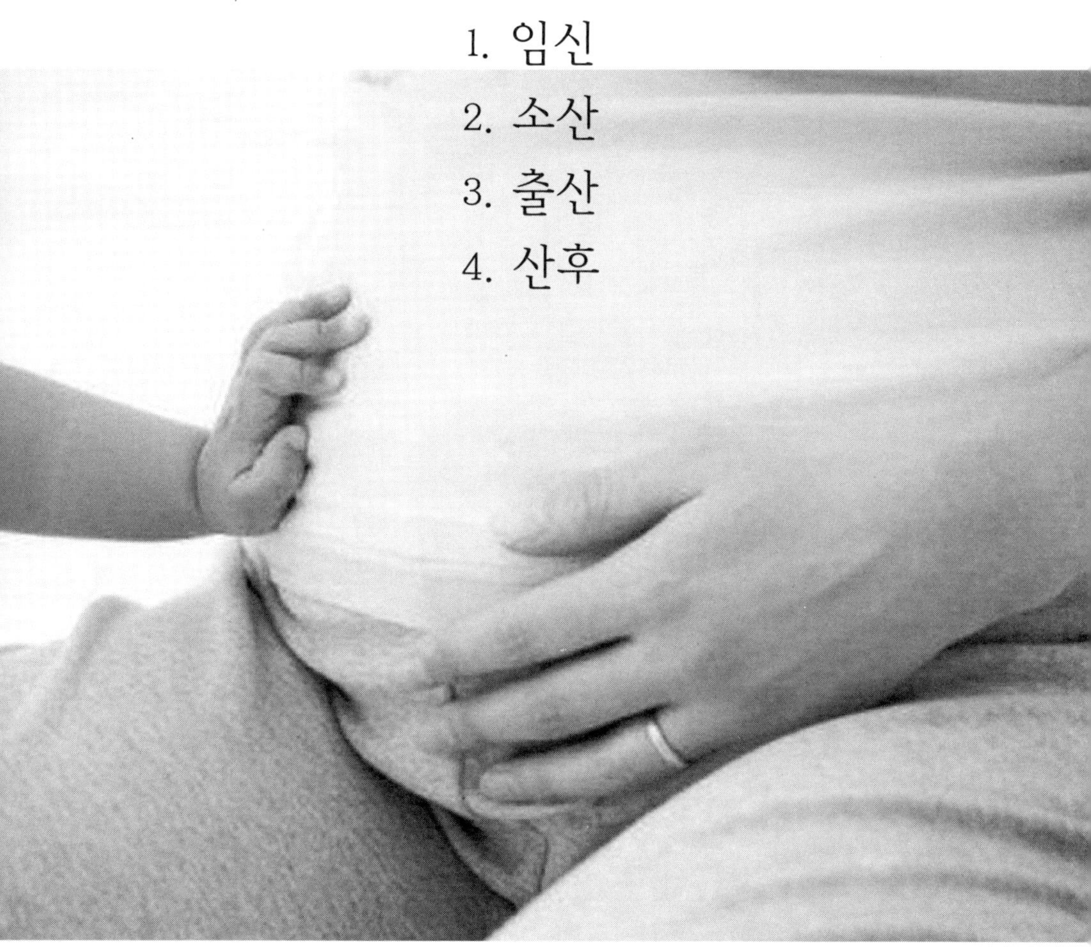

1. 임신

(1) 임신오조

여성이 임신을 한 뒤 메스껍고 토하며 신 음식으로 갈증을 풀려고 음식을 보기도 싫어하고 피곤하여 누우려고만 하면 사람들은 모두 임신오조라고 하지만 이는 간혈이 너무 건조해서 발병한 증상이다.

여성의 임신은 본래 신기가 왕성한 가운데서 발생하는 것이다. 신기가 왕성하면 정자를 안정적으로 받아들여 임신이 가능해진다. 신장이 정자를 받아들여 임신이 되며 신장의 수액은 태아를 자양해주기에 기타 오장을 돌볼 겨를이 없어진다.

간장은 신장의 자식으로서 매일 어머니의 기를 받아야 기가 잘 통하게 된다. 하루도 진액의 자양을 받지 못하면 간은 급박해지고 그런데다가 신장이 수액을 공급해주지 못하면 간기는 더욱 급박해지게 된다. 간기가 급박해지면 간화가 동하여 위로 거슬리게 된다. 이때 간기가 위로 거슬리기에 메스껍고 토하는 증상들이 나타나는 것이다.

구토는 비록 심하지 않더라도 기를 손상하는 것은 마찬가지이다. 기가 손상되면 간혈도 따라서 부족해진다. 일반 사람들이 임신 전 여러 가지 증후를 사물탕으로 치료하는데 사물탕이 간혈을 보양해주어 혈을 생성되게 하는 것은 당연한 이치지만 이때 혈을 자양해주면서 기를 보양해주어야 한다는 것을 잊지 말아야 한다.

이는 비위가 쇠약해지면서 구토가 빈번해지고 멎지 않는 것을 방지하기 위한 것이다. 한 가지 더 주의할 것은 기가 허해지면서 혈을 생성하지 못하는 것이다. 때문에 간기가 정상적으로 풀어지면서 동시에 비기를 튼튼하게 해주고 위기를 열어주는 약물을 배합하여 양기가 생성되게 하면 혈을 생성할 수 있기에 태기를 북돋아 줄 수 있다.

일부 사람들은 기가 거슬리는데 기를 보양해주는 약을 사용한다면 기가 거슬리지 않을까 걱정한다. 하지만 임신오조는 기의 거슬림이 심하지 않으며 또 기가 허하기 때문에 거슬리는 것이기에 사기가 침입해서 기가 거슬리는 경우가 아님을 간과하기 때문이다.

만약 사기가 침입해서 기가 거슬리는 경우인데 기를 보양해준다면 기가 더욱 거슬리게 되나 기가 허하여 거슬리는 경우는 기를 보양하기에 음이 충족해지면서 양기를 억눌러주어 기가 거슬리지 않게 된다.

순간익기탕

재료 : 인삼 1냥, 당귀 1냥(술에 씻는다), 소자 1돈(다듬는다), 백출 3돈(흙에 볶는다), 복령 2돈, 숙지 5돈(9번 찐다), 백작 3돈(술에 볶는다), 맥문동 3돈(속을 뺀다), 진피 3푼, 사인 1알(볶은 다음 다듬는다), 신곡 1돈(볶는다)

이를 물에 달여 1첩을 복용하면 증상이 경해지고 2첩이면 메스껍지 않고 토하지 않으며 3첩이면 낫는다.

이 처방은 거슬리는 간기를 눌러주며 신장의 수액을 보양해주어 혈이 쉽게 생성되게 한다. 임신으로 오조하는 경우 모두 이 처방을 투여하면 안정하지 못하는 경우가 없으므로 임산부에게 가장 유익하며 그 작용이 사물탕보다 더 낫다.

(2) 임신부종

　임산부가 임신 5개월이 되었는데 몸과 사지가 피로하고 음식의 맛을 모르며 먼저 두 발이 붓고 점차 전신과 얼굴이 붓는 증상을 습기가 성하기 때문이라고 생각한다 하지만 이는 비장과 폐장이 허해서 생기는 증상이다. 그러므로 비기를 튼튼하게 해주고 폐기를 보양해주는 것을 기본 치료법으로 한다.

　비장은 혈을 통솔하며 폐장은 전신의 기를 주관한다. 태아는 혈과 기의 자양을 떠나서는 발육할 수 없다. 비기가 튼튼하면 혈이 왕성해지기에 태아는 영양을 공급받을 수 있고 폐기가 청정하고 하강되면 기가 왕성해져 태아는 정상적으로 생장할 수 있다.

　폐장이 쇠약해지면 기도 잇달아 주눅이 들어 피부로 운행하지 못한다.

　비장이 허하면 혈이 부족해지는데 혈이 부족하여 팔다리에 영양이 공급되지 못한다. 기와 혈이 허해지고 비장과 폐장이 작용을 상실하면 음식물의 소화가 잘 되지 않고 정미물질을 생성하지 못하므로 기와 혈은 아래로 함몰하면서 위로 올라가지 못한다. 이러면 습사가 그 틈을 타서 허해진 곳으로 침범하고 쌓이기에 부종이 발생한다.

　이때 치료방법은 비장의 혈과 폐장의 기를 보양해주면 습을 없애지 않아도 습은 저절로 사라진다.

가감보중익기탕

재료 : 인삼 5돈, 황기 3돈(생껏으로), 시오 1돈, 감초 1푼, 당귀 3돈(물에 씻는다), 백출 5돈(흙에 볶는다), 승마 3푼, 진피 3푼, 복령 1냥

이를 물에 달여 복용한다. 4첩이면 병이 낫고 10첩이면 재발하지 않는다. 보중익기탕의 조성은 본래 비장과 폐장의 기를 들어 올림을 원칙으로 하였으므로 기만 북돋아주고 혈은 보양해주지 못하는 것 같지만 혈은 기가 아니면 생성이 될 수 없기에 기를 보양해주면 곧 혈을 생성할 수 있다.

당귀보혈탕에서 황기를 군약(君藥)으로 한 것을 보면 그 이치가 더욱 당연하다. 하물며 습기가 비장과 폐기가 허한 틈에 침범하였으니 혈을 너무 크게 보양한다면 음이 너무 성해지면서 한과 습이 생길 수 있다. 하여 기를 보양해주는 약물에 습을 없애는 약을 배합하면 기가 위로 올라가고 물과 습기가 쉽게 없어지며 혈도 잇달아 생성된다.

이 처방에서 복령은 기를 없애줌과 동시에 습을 삼출시켜 없애주고 또한 비장을 튼튼하게 해주고 폐기를 청정하며 하강되게 해준다. 그리고 물과 습을 없애는 약물들은 흔히 기를 소모한다고 말하지만 복령이 인삼, 백출과 배합되어 보양하는 작용은 물론 물과 습을 없애는 작용보다 더 커진다. 때문에 복령을 중용하면 습사를 없애버리고 또 기와 혈을 보양하는 목적을 이룰 수 있다.

평언 : 요새는 창출을 백출로 사용하는 경우가 많으며 가짜 백출도 많다. 백출은 태아를 보호하지만 창출은 태아를 밀어내는 작용을 한다. 그러므로 사용할 때 잘 살펴야 한다.

가짜라고 생각되면 백편두, 산약을 대용하면 비교적 안전하다.

(3) 임신 중 아랫배가 아픈 경우

임신 중 아랫배가 아프고 태아가 움직이고 안정하지 못하면서 아래로 처지는 느낌이 들면 대개 대맥이 무력하기 때문이라고 생각하지만 이는 비장과 신장이 허하기 때문에 발생하는 증상이다.

자궁은 대맥과 연결되었지만 실제로는 비장과 신장과 밀접한 관계를 가진다. 비장과 신장의 기가 허하면 대맥이 무력해지므로 포태는 태아의 양육을 감당하지 못한다. 비장과 신장이 허해지는 것은 음식이 과해서이거나 아니면 과한 성생활에서 비롯된다. 비장과 신장이 허해지면 대맥도 허해지고 긴박해지면서 포태가 아래로 처지는 느낌이 난다.

그렇다면 포태는 심과 신장에 통하였고 비장과는 통하지 않았으니 신장만 보양해주면 된다고 생각하는데 이때 빠뜨리지 말아야 할 것이 비장의 보호이다. 그것은 비장은 후천적인 것이 근본이고 신장은 선천적인 것이 근본으로서 비장은 선천적인 근본의 자양이 없이는 기화기능을 발휘할 수 없고, 신장은 후천적인 근본의 끊임없는 보충이 없이는 생육능력을 발휘할 수 없기 때문이다.

그러니 신장만 보양해주고 비장을 보양해주지 않으면 신장에 저장된 정이 빨리 생성될 수 없다. 후천적인 비장을 보양해주는 것은 곧 선천적인 비장을 보양해주는 것이다.

후천적인 비장과 선천적인 비장을 함께 보양해주면 곧 포태를 튼튼하게 해주고 포태의 기와 혈을 충만하게 해준다. 그러니 비장과 신장을 함께 보해주어야 하는 것은 당연한 이치이다.

안존이천탕

재료 : 인삼 1냥(꼭지를 버린다), 숙지 1냥(9번 찐다), 백출 1냥(흙에 볶는다), 산약 5돈(볶는다), 산수유 5돈(쪄서 씨를 버린다), 자감초 1돈, 두중 3돈(검게 볶는다), 구기자 2돈, 편두 5돈(볶아서 껍질을 버린다)

이를 물에 달여 복용하는데 1첩이면 통증이 멎고 2첩이면 태아가 안정된다. 태아가 움직이는 것은 비장과 신장이 함께 허해졌기 때문이므로 음을 자양하고 양기를 보양해주는 인삼, 백출, 숙지와 같은 약물을 많이 쓰지 않으면 환자의 건강을 짧은 시일로는 만회할 수 없다.

사람들은 인삼, 백출을 쓰기 두려워하거나 혹은 적은 양으로 치료효과를 보려고 하므로 효과가 적다. 이 처방의 특징은 인삼과 백출을 많이 사용하는데 있다.

평언 : 인삼 1냥은 장삼으로 대용할 수 있다. 만약 질이 좋은 장삼이 없으면 어린 황기로 대용할 수 있다.

(4) 임신 중에 입이 마르고 인두가 아픈 경우

임산부가 임신 3~4개월이 되어서 입과 혀가 마르고 인두가 조금씩 아프며 진액이 부족해 태아가 안정되지 못하고 심한 경우는 월경처럼 하혈을 하면 대개 속에서 화가 몹시 동하였기 때문이라고 생각하는데 이는 수액이 부족해서 생긴 증상이다.

태아는 본래 정과 혈이 결합되어 형성되며 달을 따라 성장 발육한다. 옛날 사람들은 태아의 양육을 경락에 따라 분류하고 논술하였지만 신음의 자양을 떠날 수 없다.

신음이 충족해야 태아가 안정하고 신음이 부족하면 태아는 안정하지 못하고 움직이게 된다. 신음이 부족하다고 태아가 안정하지 못하는 것은 아니다. 바로 신장경맥의 화가 발동되어 태아가 안정되지 못하는 것이다.

화가 성해지는 것은 의연히 신장의 수액이 부족하기 때문이며 화가 위로 치밀기에 태아가 움직이게 된다. 그러므로 신장의 수액을 보충해주면 태아가 안정하게 된다. 다만 이때 신장의 수액이 재빨리 생겨나지 못하므로 반드시 폐금을 보양해주어 폐금이 습윤해지면 수액을 생성하므로 끊임없는 원천을 얻게 된다. 수액이 원천이므로 물은 끊임없이 흐르게 된다.

그러므로 이 처방으로 화가 제약되는 것은 물론이며 또 여기에 열을 없애는 약물을 조금 배합해주면 태아가 안정하지 못하는 경우가 없다.

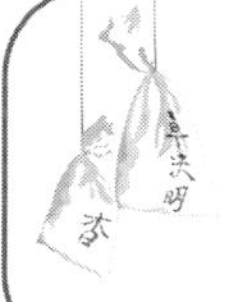

윤조안태탕

재료 : 숙지 1냥(9번 찐다), 생지 3돈(술에 볶는다), 산수육 5돈(찐다), 맥문동 5돈(속을 빼버린다), 오미자 1돈(볶는다), 아교 2돈(해합분에 볶는다), 황금 2돈(술에 볶는다), 익모초 2돈

이를 물에 달여 복용한다. 2첩이면 건조한 증상이 없어지고 또 3첩을 복용하면 태아가 안정된다.

연속 10첩을 먹으면 태아가 움직이는 일이 더 이상 없으며 이 처방은 신장의 정을 보양해주는 것과 아울러 폐장을 보호해준다. 그러나 폐를 보양하는 것도 의연히 신장을 보양해주기 위해서이다.

평언 : 이 처방은 아주 효과가 좋아 복용 즉시 효과가 나타난다. 그러나 인두가 아프다고 하여 산두근, 사간과 같은 약물을 가미하지는 말아야 하며 또 이 처방의 성질이 습윤하다 하여 복령과 같은 물을 가미해서는 안 된다.

(5) 임신 중 구토설사를 하면서 배가 아픈 경우

임산부가 토하고 설사하면서 태아가 움직이며 아래로 처지려 하고 배가 아파서 참지 못할 정도면 급히 서둘러서 치료해야지 조금이라도 늦추어서는 안 된다. 이 증후는 비위가 극히 허해졌기 때문이다.

비위의 기가 허해지면 포태가 무력해지기에 당연히 혈붕이 발생하고 유산하게 된다. 하물며 구토와 설사로 비위의 기가 더욱 허해지게 되었으니 포태가 상하는 것은 당연한 일이다.

그런데 포태가 아프지만 유산하지 않은 것은 신기가 태아를 틀어쥐고 있기 때문이다.

포태는 신장과 연결되고 심장과도 연결되었는데 신기가 튼튼하면 심장과 서로 교통되고 그 기도 포태로 통하게 된다. 때문에 포태가 아래로 처지려고 하여도 신기의 영향으로 처지지 않게 된다. 또한 신기가 튼튼하면 음화가 비토를 생성해줄 수 있고 심장의 기가 잘 통하면 심화가 비위를 따뜻하게 해줄 수 있다.

때문에 비록 비위가 허하다고 하여도 그 기능을 상실하려 하나 아직 상실하지 않았으므로 포태가 안정하지 못한다고 하여도 아래로 쳐지지는 않는다. 그러니 비위를 급히 보양해주지 않고서는 안 된다. 비기가 바야흐로 기능을 상실하려 하나 아직 상실하지 않았을 때 비위를 구급한다면 즉시적인 효과를 보기 힘들다.

그러므로 심장과 신장의 화를 보양해주면 심장과 신장의 화가 비위의 기를 생성해주고 또 심장과 신장의 기가 비위와 서로 통하면 포태도 자연히 견고해지고 안전해진다.

원토고태탕

재료 : 인삼 1냥, 백출 2냥(흙에 볶는다), 산약 1냥(볶는다), 육계 2돈(거친 부분을 제거하고 다듬는다), 포제 한 부자 5푼, 속단탄 3돈, 두중 3돈(검게 볶는다), 산수유 1냥(쪄서 속의 씨를 빼버린다), 구기자 3돈, 토사자 3돈, 사인 3알(볶아서 다듬는다), 자감초 2돈

이를 물에 달여 복용한다. 1첩이면 설사가 멎고 2첩이면 모든 증상이 낫는다. 이 처방은 비위를 구급하는 약물이 10분의 8을 점하였고 심과 신화

를 보양해주는 약물이 10분의 2를 차지한다.

심과 신장의 화를 보양해주는 것이 비토를 보양하는 약물보다 경하게 사용되었으니 비토의 기능이 쇠하려 하지만 심과 신장의 화는 그리 심하게 쇠약하지 않는다.

비토가 붕괴될 때는 약물을 중하게 사용하지 않으면 구원해줄 수 없고 화가 쇠약해진 경우에는 작은 방제도 도움이 되며 더운약을 너무 많이 쓴다면 오히려 건조해질 우려가 있으므로 성질이 따뜻하고 단맛이 있는 약물을 쓰는 것보다 못하다.

또 태아가 안정하지 못하는 것은 비토가 허하기 때문이지 화가 부족해서가 아니니 너무 더운 약물을 사용해서는 안 된다.

임산부의 경우 육계와 부자의 사용을 꺼리는데 그것은 태아를 손상할 가능성이 있기 때문이다. 성질이 너무 덥지 않은 약물은 돈(무게)으로 계산하여 사용하였고, 성질이 더운 약물은 푼으로 계산하여 사용한 것은 화를 이끌어 아래로 내려가게 하려는 것이지 화가 왕성해지게 하는 것이 아니다.

(6) 임신 중 자현으로 옆구리가 아픈 경우

임산부가 우울증이 있어서 태아가 움직이고 안정하지 못하고 양쪽 옆구리가 답답하면서 당기는 느낌이 드는 경우를 말한다.

대개 자현증으로 인한 증상이라고 생각하는데 이는 간경의 기가 잘 풀어지지 못해서 발생하는 증상이다.

태아를 양육함에 있어서 이는 절반은 신수의 자양과 관계되는데 간혈의 도움이 없으면 신수는 홀로 이를 감당하지 못한다.

때문에 태아를 보호하고 자양해주려면 신수를 자양해야 할뿐만 아니라 간혈을 돌보지 않으면 안 된다. 간기가 뭉치고 막히지 않게 해주면 간혈이 왕성해지기에 자연히 포태로 관개되면서 신수와 함께 태아를 양육한다.

정서가 울적해지고 간기가 뭉치고 막혀서 통하지 못하면 간혈은 태아를 자양해주지 못하고 신수만 홀로 태아를 자양하게 되니 태아가 영양분이 있는 곳을 찾아 위쪽으로 올라가는 것은 당연하며 이는 곧 간기가 뭉쳤기 때문이다. 그러니 자현이 발생된다 하더라도 태기를 밀어서 내려가게 하는 약을 쓰면 안된다.

치료방법은 뭉쳐있는 간기를 소통시키고 건조해진 간혈을 자양해주어야 한다. 이러면 자현은 자연스럽게 치료된다.

해울탕

재료 : 인삼 1돈, 백출 5돈(모래에 볶는다), 백복령 3돈, 당귀 1냥(술에 씻는다), 백작 1냥(술에 볶는다), 지각 5푼(볶는다), 사인 3알(볶아서 다듬는다), 산치자 3돈(볶는다), 박하 2돈

이를 물에 달여 복용한다. 1첩이면 답답하고 아픈 증상이 없어지며 2첩이면 자현이 안정되고 3첩이면 완치된다. 그런 다음 치자를 빼버리고 몇 첩 더 복용하면 재발하지 않는다.

이 처방은 간기를 안정시키고 뭉치는 것을 풀어주는 효과가 큰 처방으로서 간기의 뭉침이 풀리면 간목이 비토를 억제하지 않고 간화도 망동하지 않는다. 처방에 비기를 튼튼하게 해주고 위기를 열어주는 약물을 배합하였기에 수액과 정미물질은 전신으로 수송되면서 간과 신장을 윤택하게 자양해준다.

(7) 임신 중 넘어져 손상을 입은 경우

임산부가 실수로 넘어지면서 손상을 입었으면 태아의 원기도 손상을 받아 배가 아프고 태아가 아래로 처짐을 느끼게 된다. 속에 다른 병이 없으면 태아가 견고하므로 비록 넘어졌다 하더라도 태아는 별 영향을 받지 않는다. 그러나 평상시에 기와 혈이 부족한 경우라면 조금만 넘어져도 태아가 안정하지 못한다. 그러므로 이런 경우 외상치료만 한다면 효과를 볼 수 없으며 또 치료로 인해 유산할 우려가 있다.

이때는 기와 혈을 크게 보양해주어야 할뿐만 아니라 어혈을 없애는 약물을 조금 배합해주면 어혈이 없어지고 태아가 안정된다. 그리고 기와 혈을 크게 보양해줌에 있어서 혈을 보양해주는 약물이 기를 보양해주는 약물보다 더 많을 경우도 역시 그 효과가 미흡하다.

구손안태탕

재료 : 당귀 1돈(술에 씻는다), 백작 3돈(술에 볶는다), 생지 1냥(술에 볶는다), 백출 5돈(모래에 볶는다), 자감초 1돈, 인삼 1돈, 소목 3돈(찧어 부순다), 유향 1돈(기름을 제거한다), 몰약 1돈(기름을 제거한다)

이를 물에 달인다. 1첩이면 통증이 멎고 2첩이면 태아가 쳐지지 않으므로 3첩까지는 복용할 필요가 없다.

이 처방의 특징은 어혈을 없애면서도 태아를 손상하지 않으며 기와 혈을 보양해주면서도 기혈이 막혀 통하지 못하는 폐단이 없는데 있다. 하물며 넘어진 경우도 치료한다.

그리고 이 처방은 임산부의 외상만 치료하는 것이 아니므로 임신한 경우가 아니라도 외상이 있으면 이 처방을 쓸 수 있다.

평언 : 일반적인 경우라도 백출을 사용할 때 모래에 볶아 쓰면 효과가 더욱 훌륭하다.

그것은 볶으면 혈과 기가 잘 운행되게 해주기 때문이다. 백출을 볶는 것은 백출의 맛이 너무 달기에 기와 혈을 운행하지 못하기 때문이다. 출을 사용함에 있어서 이런 도리를 알아야 한다.

(8) 임신 중 소변에 피가 섞여 나오는 경우

태아가 움직이지 않고 배도 아프지 않은데 소변에 피가 섞여 나오는 것은 흔히 혈허태루라고 말한다. 이는 기가 허하여 혈을 틀어쥐지 못해서 생긴 증상이다. 혈은 태아를 자양해주는데 포태의 혈은 기가 지켜주어야만 정상기능을 발휘할 수 있다.

기가 허해지고 아래로 함몰되면 태아를 양육하던 혈도 기를 따라 아래로 함몰하게 된다. 그런데 기가 허하여 함몰된다고 하지만 혈은 허하지 않으니 기와 함께 함몰되지는 않을 것이라고 생각하면 안 된다.

이는 기가 혈을 보호해주고 지켜주는 작용이 있음을 모르기 때문이다. 기가 허해지면 혈은 의탁을 상실하여 조급해지고 안정하지 못하는데 이러면 열이 생긴다. 혈은 차면 안정하고 더우면 망동하므로 혈이 망동하면서 겉으로 나가는데 기가 허하여 혈을 막아내지 못한다.

만약 임산부의 기가 허하지 않지만 혈이 뜨거운 경우라면 당연히 큰 출혈이 발생되지 조금씩 출혈하지 않는다. 치료는 부족한 기를 보양하고 지나친 화를 밀어낸다. 이러면 지혈하지 않아도 혈은 자연히 멎게 된다.

조기보루탕

재료 : 인삼 2냥, 백작 5돈(술에 볶는다), 황금 3돈(술에 검어지도록 볶는다), 생지 3돈(술에 검어지도록 볶는다), 익모초 1돈, 속단 2돈, 감초 1돈

이를 물에 달인다. 1첩이면 출혈이 멎고 2첩이면 다시 출혈하지 않는다.

이 처방은 인삼으로 양기를 보양해주고 황금으로는 음화를 밀어낸다.

화가 밀려나가면 혈도 뜨겁지 않으므로 망동하지 않는다. 기가 왕성해지면 혈도 의탁이 있기에 기와 혈이 함께 왕성해지고 서로 어울리면서 각자의 경맥으로 운행하게 되니 출혈이 발생할 우려는 없다.

(9) 임신자명

임신 7~8개월이 되어 갑자기 배에서 태아가 우는 소리를 느끼고 허리 가운데가 은근히 아픈 경우 흔히 포태에 열이 너무 심해서 그렇다고 생각하지만 이는 기가 허해서 발생한 증상이다. 태아는 포태에서 모체의 호흡에 의하여 성장하고 발육한다.

모체가 숨을 내쉬면 태아도 숨을 내쉬고 모체가 숨을 들이쉬면 태아도 숨을 들이쉬면서 한시도 멈추지 않는다. 임신주기 7~8개월이 되면 모체의 기가 필연적으로 허해진다. 이러면 태아가 모체의 호흡에 만족하지 못하여 어쩔 줄 모른다.

모체와 태아의 생명은 본래부터 서로 갈라놓을 수 없고 연결되어 있으므로 태아가 모체의 기를 제대로 받지 못하면 마치 모체에게 버림받은 것과 같이 되어 뱃속에서 울게 된다. 이런 병명을 자명이라고도 하며 기가 심하게 허해진 것이 발병의 원인이다.

치료는 기를 크게 보양하여 모체의 기가 태아의 수요를 만족되게 해주어 모체와 태아가 서로 어울리게 해준다.

이러면 태아가 안정하기에 울음을 멈춘다.

재료 : 인삼 1냥, 황기 1냥(생껏으로), 맥문동 1냥(속을 빼버린
다), 당귀 5돈(술에 씻는다), 귤홍 5푼, 감초 1돈, 화분 1돈

이를 물에 달여 복용한다.

1첩이면 울음을 멈추며 2첩이면 다시 울지 않는다. 이 처방은 인삼, 황기, 맥문동으로 폐기를 보양해주는데 폐기가 왕성해지면 포태의 기도 왕성해지기에 태아는 모체의 호흡에 만족하지 못하는 일이 없다.

평언 : 황기는 연한 황기를 사용해야지 전기를 사용하지 말아야 한다. 전기는 북방의 목숙근이다.

(10) 임신 중 허리와 배가 아프며 갈증이 나고 땀을 흘리며 발광하는 경우

부인이 임신한 뒤에 갈증이 나고 땀을 흘리면서 찬물을 많이 마시며 번거로워 안절부절 못하고 발광하며 허리와 배가 아프고 유산되면 사람들은

모두 산모의 화가 몹시 성하기 때문이라고 하지만 화가 어디서 성했는지는 알지 못한다.

이 증상은 위화가 치성해지면서 포태의 수액을 방해하여 포태의 수액이 말라들면서 태아를 자양하지 못하기 때문이다. 그래서 태아가 움직이고 안정하지 못한다.

이때 위경은 기와 혈이 많은 경맥으로서 오장육부를 자양한다. 만물은 모두 토에서 생성하므로 토의 기가 두터워야 만물이 생장할 수 있으며 토의 기가 두터워지려면 화기의 생성에 의해 이뤄진다.

위가 음식물을 소화할 수 있는 것도 화기가 있기 때문이다. 화가 없으면 토를 생성해주지 못할 뿐만 아니라 또 화가 너무 성하면 수액을 방해하여 없어지게 하기에 토에 화가 있어 토가 생존한다고 하여도 수액이 있어야 토가 건조해지지 않는다는 도리를 모르기 때문이다.

위에 화가 너무 왕성해지면 필연코 신수를 방해하여 말라들게 하는데 이러면 토의 수액도 없어지면서 자양도 부족해져 수액을 방해하여 포태를 자양할 수 없게 한다.

토에 화가 극성하고 화와 열이 위로 훈증하면서 심을 범하면 신명이 안정하지 못하고 겉으로 떠나오게 되고 태아도 화와 열의 핍박을 받게 되니 당연히 아래로 떨어지게 된다.

이때 치료방법은 화를 밀어내고 수액을 자양해주어 수액이 충족해지면 화도 자연히 가라앉으면서 땀을 흘리며 발광하고 번거로워 안절부절 못하거나 갈증이 나는 등의 증상들도 자연히 없어진다.

식분안태탕

재료 : 생지 1냥(술에 볶는다), 청오 5돈, 백출 5돈(모래에 볶는
다), 복령 3돈, 인삼 3돈, 지모 2돈, 화분 2돈

이를 물에 달여 복용한다. 1첩이면 발광이 조금 가라앉고 2첩이면 발광
이 크게 진전된다. 3첩이면 화가 없어지고 태아도 안정된다.

이 처방은 임신한 몸에 화가 성하니 용량이 많지 않고서는 그 화를 밀어
내지 못한다. 화가 가라앉지 않으면 발광도 멎지 않으니 태아도 당연히 안
정된다. 또 약물 수량이 비록 많다고 하지만 모두 수액을 자양해주는 약이
므로 도움은 되어도 해를 끼치지는 않는다. 그러므로 우려할 필요가 없다.

평언 : 이 처방에서 약물을 가감하지 말아야 한다.

임신으로 번거로워 안절부절 못하고 발광하는 경우를 잘못 감별하는 경
우가 있는데 담이 심하기 때문이라고 하든지 아니면 유행성 질병에 걸려
사기가 경맥에 침입하여 발생되었다고 하면서 임신에 대해서는 언급도 하
지 않는다. 그래서 많은 약을 잘못 복용하면서 몇 달이 지나도록 병은 낫
지 못한다. 심지어 모체의 생명을 구해야 한다면서 태아를 밀어내는
우도 있는데 이는 매우 어리석은 행동이다.

(11) 임신중오

　임신 중 담이 많고 침을 많이 뱉으면서 갑자기 배가 아프고 태아가 위로 떠받치는 느낌을 느끼면 사람들은 일반적으로 자현증으로 생각하기 쉬운데, 이는 중오증에 걸려서 태아가 안정하지 못해서 발생하는 증상이다.

　무릇 사기가 침범하면 태아가 가장 쉽게 손상을 받는다. 또한 임산부는 담과 침이 많으므로 눈앞이 쉽게 캄캄해지며 헛것을 보기도 한다. 이는 담이 있기 때문에 발생하는 증상이다.

　이때 치료는 담을 위주로 다스리면 될 것 같지만 담만 다스리면 기가 손상되며 기가 허해지면 담이 잘 없어지지 않기에 태아가 흔들리게 된다.

　당연히 기를 보양해주어 혈을 생성하게 하며 혈을 보양하여 담을 잘 움직이게 해주고 담을 없애는 약을 배합한다. 이러면 기와 혈이 허하지 않기에 담도 쉽게 없어진다.

소악안태탕

재료 : 당귀 1냥(술에 씻는다), 백작 1냥(술에 볶는다), 백출 5돈(흙에 볶는다), 복령 5돈, 인삼 3돈, 감초 1돈, 진피 5푼, 화분 3돈, 소엽 1돈, 침향 1돈

　이 처방은 기와 혈을 크게 보양해주는데 바로 정기를 부축해주면 사기가 저절로 없어진다는 의미이다.

(12) **임산부가 자주 노하면 낙태한다**

임신한 뒤에 태아가 아직 완전히 생성되지 않았거나 형성된 뒤 낙태하면
사람들은 기와 혈이 허하여 태아를 지켜주지 못해서라고 생각하는데 이
증상은 성질이 급하고 노여움이 많아 간화가 크게 발동되어 안정하지 못
해서 발생하는 것이다.

간은 혈을 저장하는데 노하면 혈을 저장하지 못하며 혈이 간에 저장되지
못하면 포태를 자양하지 못하기에 태아를 지켜주지 못하게 된다.

간은 비록 목에 속하지만 목에는 용뇌지화(용뇌지화는 곧 담에 들어있는 상화
를 가리킨다. 또 용화를 가리키며 신화라고도 하며 뇌화를 가리키면. 상화라고도 한다.)
가 들어있는데 곧 상화라는 것이다.

상화는 안정해야지 움직이면 안 된다. 안정한다는 것은 평온함을 의미하
며, 움직인다는 것은 상화가 너무 치성해지는 것을 말한다. 목에 들어있는

상화는 본래 자주 움직이며 쉽게 안정되어 있지 않는다. 상화가 하루도 안정해 있는 날이 없다면 임산부가 자극으로 크게 노하면 화가 더욱 심하게 발동한다.

그 화를 억제하지 못하면 그 기세가 더욱 커지면서 기와 혈을 생성하여 태아를 양육하지 못하게 될 뿐만 아니라 오히려 기와 정혈을 손상하게 된다. 기와 정혈이 손상되면 태아는 영양을 잃기에 당연히 유산하게 된다.

이때 치료방법은 간화를 평정시키고 허리와 배꼽의 기를 잘 운행되게 해주면 기와 혈을 생성하게 되고 혈이 왕성해지면 화가 자연히 없어지므로 양육의 목적을 이룰 수 있다.

이기사화탕

재료 : 인삼 3돈, 백출 1냥(모래에 볶는다), 감초 1돈, 숙지 5돈(9번 찐다), 당귀 3돈(술에 씻는다), 백작 3돈(술에 볶는다), 검실 3돈(볶는다), 황금 2돈(술에 볶는다)

이를 물에 달인다. 60첩이면 유산하지 않는다.

이 처방은 실질적으로 기를 보양해주는 처방이며 또한 기를 보양해주면서도 화를 밀어내는 약물을 배합하지 않으며 기가 너무 왕성해지기 때문에 화를 평정할 수 없으므로 오히려 기가 해를 입을 수 있다. 때문에 처방에는 황금을 배합하여 기를 보양해줌과 아울러 화를 밀어낸다.

또 숙지, 당귀, 작약은 간혈을 자양하고 수액을 북돋아주기에 혈도 건조해지지 않게 한다. 기가 정상적으로 운행되면 노기가 가라앉고 화도 자연히 평정된다.

그러므로 기를 조리해주지 않아도 기가 순조롭게 운행되면서 태아를 자양하기에 다시는 유산하는 일이 발생하지 않는다.

평언 : 성격이 급하고 자주 노하지만 간기를 풀어주는 약을 사용하지 않는 것은 임산부에 대한 배려이다. 임신 중의 치료는 기의 보양, 혈의 자양, 태아의 안정을 위주로 취급한다. 이러면 모든 병이 절로 낫는다.

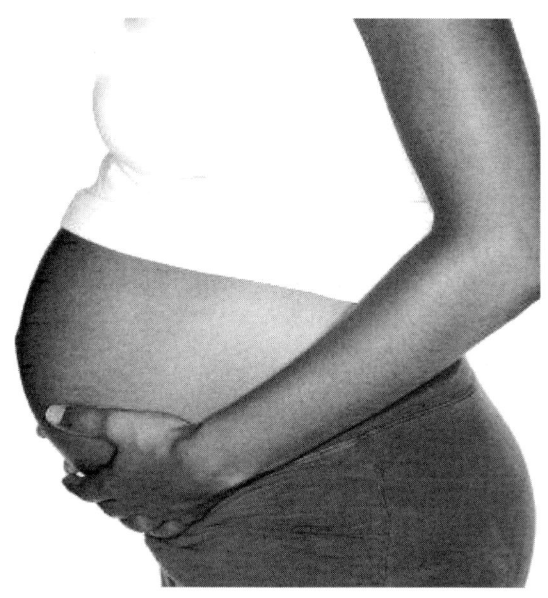

2. 소산

(1) 성생활로 소산하는 경우

임산부가 성생활로 인하여 소산(小産)하고 출혈이 멎지 않으면 사람들은 일반적으로 화가 발동한 것이라고 진단하기 쉽지만 이는 기가 허탈하기 때문에 일어나는 증상이다.

부인이 잉태하면 신수가 태아를 자양해주는데 수원이 부족하면 화가 쉽게 치성해진다. 그런데다가 성생활을 오래한다면 화가 크게 발동되는데 더구나 너무 흥분하고 자제하지 못하면 정액을 크게 배설하면서 신수는 더욱 부족해지고 신화나 상화가 치성해진다. 수액이 부족해지고 화가 치성해졌으니 태아를 자양해주지 못하므로 유산이 된다.

유산되어 태아를 잃어도 또한 화는 가라앉지 않았으므로 혈은 화를 따라서 내려가면서 막아낼 수 없을 정도로 출혈한다. 사실 화가 몹시 발동되었기 때문이라는 추측이 완전히 틀린 것은 아니다.

그러나 혈붕이 발생하는 것은 본래 기가 허했기 때문이고 화가 치성해진 것은 수액이 부족했기 때문이다. 신장의 수액이 이미 부족해졌으니 기를 생성해주는 원천이 고갈된 것이다. 그래서 기가 생성의 원천을 잃어 허탈해지는 것은 당연한 것이다.

결국 화가 발동된 것은 표면적인 현상에 속하고 기가 허탈한 것이 근본적인 원인이 된다. 그러니 만약 지혈만 중시하고 기를 보강해주지 않는다면 기가 빨리 흩어져버리면서 회복이 더디게 된다. 또한 정혈을 크게 보양해주지 않으면 수액이 고갈되면서 화가 더욱 치성해진다.

고기전정탕

재료 : 인삼 1냥, 황기 1냥(생것으로), 백출 5돈(흙에 볶는다), 대숙지 1냥(9번 찐다), 당귀 5돈(술에 씻는다), 삼칠 3돈(가루 내어 물에 타서 복용한다), 형개수 2돈(검게 볶는다)

이를 물에 달여 복용한다. 1첩이면 출혈이 멎고 2첩이면 몸이 한결 나아지며 4첩이면 완치된다.

이 처방의 특징은 화를 직접 없애지 않고 기와 정혈을 보양해주는데 있으며 큰 효과를 볼 수 있는 것은 성질이 덥고 습윤한 약물들을 배합하여 열을 없앴기 때문이다. 열은 허해서 생긴 것이므로 기를 보양해주면 혈을 틀어쥘 수 있고, 정혈을 보양해주면 혈을 멎게 할 수 있다. 이것이 곧 근본을 다스린다는 의미이다.

평언 : 소산혈붕증은 흔히 성생활로 인해 발생한다. 만약 40세가 넘었다면 인삼, 황기의 양을 배로 증가시켜 주고 숙지의 양은 절반으로 줄여야 한다. 그것은 기가 허해지면 화도 쇠해지기 때문이다. 이렇게 하지 않는다면 기의 허탈을 치료할 수 없다. 무릇 임산부는 성생활 절제함으로써 위험한 결과를 초래하는 일이 없도록 해야 한다.

(2) 넘어져서 유산되는 경우

임산부가 넘어지는 등의 원인으로 유산하고 출혈하며 혈에 핏덩어리가 섞여 나오고 혼절하면 사람들은 흔히 어혈이 손실된 현상으로 파악하지만 이는 혈실이 손상되어서 발생하는 증상이다. 혈실은 포태와 연결되어 있으므로 포태가 손상되면 곧 혈실이 손상된다.

포태가 손상되어 출혈하는 것은 비교적 경한 경우이고 혈실이 손상되어 출혈하면 비교적 중하다. 발병이 경하므로 배만 아프고 발병이 중하면 어지럼증이 나는데 이는 또한 심장과 연계된다.

다 같은 타박상인데도 소산된 경우와 소산되지 않은 경우는 치료방법이 다르다. 소산은 되지 않았지만 태아가 안정하지 못한다면 태아를 돌보아야 하지 경솔히 어혈을 없애려고 해서는 안 된다. 이미 소산되었고 많은 양이 출혈이 있었다면 어혈을 없애주어야 하지 기를 손상시켜서는 안 된다. 그것은 이미 낙태되었고 또 혈을 잃어 혈실이 공허해지면서 기만 남아 있기 때문이다.

옛 문헌에서는 "혈은 영에 속하며 기는 혈을 보호해준다."고 했다. 그러므로 기를 손상하여 위기가 영을 견고하게 지켜주지 못한다면 영도 의탁을 상실하여 안정하지 못한다. 때문에 기를 보양해주어 혈을 생성한다면 혈이 생성되면서 어혈은 자연히 없어져버린다.

이기산어탕

재료 : 인삼 1냥, 황기 1냥(생것으로), 당귀 5돈(술에 씻는다), 복령 2돈, 홍화 1돈, 단피 3돈, 건강탄 5돈

이를 물에 달여 복용한다. 1첩을 복용하면 출혈이 멈추고 2첩이면 어지럼증이 없어지며 3첩을 복용하면 완치된다.

이 처방은 인삼과 황기로 기를 보양해주므로 기가 왕성해지면 혈을 틀어쥐므로 출혈이 멎는다. 당귀와 단피는 혈을 생성해주는데 이러면 어혈이 머물러 있지 못한다. 홍화와 건강탄은 혈의 운행을 활약시키는데 혈의 운행이 활약되면 어지럼증이 없어진다.

복령으로 수액이 잘 운행되게 하는데 이러면 혈은 쉽게 자기의 경맥을 따라서 운행하게 된다.

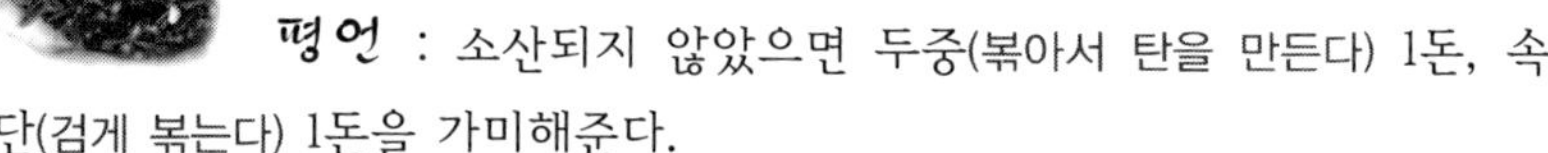

평언 : 소산되지 않았으면 두중(볶아서 탄을 만든다) 1돈, 속단(검게 볶는다) 1돈을 가미해준다.

만약 이미 소산한 경우라면 이 처방대로 복용한다. 출혈이 심하여 멎지 않으면 관중탄 3돈을 가미하고 혈이 막혀 통하지 않아 어지럼증이 난다면 원호탄 1돈을 가미한다.

(3) 대변이 굳으면서 소산되는 경우

임산부가 갈증이 나고 안절부절못하고 입술이 붓고 갈라지며 대변이 굳어 며칠간 배설하지 못하면서 복통을 호소하고 소산하면 흔히 대장에 화와 열이 있기 때문이라고 생각하는데 이는 혈이 뜨거워 포태를 달구기 때문이다.

혈은 태아를 양육하는데 있어 온화해야 태아는 자양을 받을 수 있고 혈이 너무 뜨거우면 오히려 해를 입는다. 만약 그 열이 오랫동안 포태를 뜨겁게 하면 태아가 생존을 위해서 아래로 내려가므로 유산될 수 밖에 없다. 그리고 혈은 태아를 양육해주기에 혈도 부족하게 된다.

혈은 음에 속하므로 혈이 허해지면 양기가 항진하므로 그 해가 더해지게 된다. 또한 혈은 음액에서 생성되는데 혈이 태아를 자양하는 가운데 화가 성해지면 음액이 혈을 생성하지 못하여 음화가 속에서 발동된다. 음액에는 화가 있고 혈에도 화가 있으므로 음액의 화와 서로 합세하면 태아를 유산시키게 된다.

치료방법은 포태에 있는 화를 없애고 신장의 정을 보양해주면 된다.

어떤 이들은 이미 유산하였는데 포태를 돌보고 음액을 보양해주는가에 대해 의문을 가지게 되는데 이는 화가 몹시 동하여서 유산을 하였고 포중도 온통 화기에 휩싸였는데 그 화는 허한 화에 속한다는 것을 모르기 때문이다.

만약 실화에 속한다면 그것을 밀어내야 하지만 허한 화는 음을 보양해주면서 없애야 쉽게 없어지며 진화도 생겨나게 된다.

가령 찬 약으로만 화를 눌러주고 포태의 허실을 돌보지 않는다면 당연히 한기가 생기고 위는 생성의 기능을 잃게 된다. 위는 2양에 속하며 5장을 자양해 준다. 위양이 생성을 상실하면 정미물질이 생겨나지 않는 것은 물론이고 음액의 보충도 어려워져 노채병이 발생하게 된다.

재료 : 숙지 5돈(9번 찐다), 백작 3돈(생것으로), 당귀 1냥(술에 씻는다), 천궁 1돈, 산치자 1돈(볶는다), 산수유 2돈(쪄서 속에 씨를 버린다), 산약 3돈(볶는다), 단피 3돈(볶는다)

이를 물에 달인다. 4~5첩이면 완치된다. 단피의 성질은 혈을 식혀주므로 산후에 사용하려면 신중해야 한다.

평언 : 이 처방에서 황금 2돈을 가미하면 더욱 훌륭한 처방이 된다.

(4) 춥고 배에 통증을 느끼면서 소산되는 경우

임산부가 추워하면서 배에 통증을 느끼고 유산하는 경우 흔히 아래 부위가 너무 차기 때문이라고 생각하기 쉬운데 이는 기가 허하여 태아를 틀어 쥐지 못해서 발생하는 증상이다.

인체는 명문의 화에 의해 생성되고 발육되는데 이는 양기가 아니면 화는 왕성해질 수 없다. 양기가 왕성하면 화도 왕성해지고 양기가 쇠약해지면 화도 쇠약해진다.

여성이 임신할 수 있다는 것은 선천적으로 부모의 진화를 물려받았기 때문이다. 선천적인 진화는 곧 선천적인 진기에서 생성된다.

그러므로 양기는 태아를 생성해주고 또 태아를 틀어쥐므로 양기가 왕성하면 태아도 견고하게 자라고 양기가 쇠하면 유산할 가능성이 커진다. 그러므로 하물며 한기가 침입한다면 속에 있는 화기가 더욱 미약해져서 태아를 양육해주지 못하니 유산하는 것은 당연한 일이다.

때문에 배가 아플 때에는 인삼, 건강 등 속으로 양기를 보양해주고 한기를 몰아내면 통증이 멎고 태아가 안정된다.

황기보기탕

재료 : 황기 2냥(생것으로), 당귀 1냥(술에 씻는다), 육계 5푼(거친 껍질을 벗기고 다듬는다)

이를 물에 달여 복용한다. 5첩을 복용하면 완치된다.

한증이라고 판단하였는데 몹시 맵고 더운약으로 기와 혈을 보양해주지 않는 것은 건조한 열이 생기면서 오히려 양기가 손상되는 병이 발생할 수 있기 때문이다.

평언 : 육계는 질이 좋은 것을 선택하여 사용해야 한다.
만약 질이 좋은 육계가 없으면 포건강을 대용한다. 이때 1돈이나 2돈을 쓸 수 있는데 5푼으로는 안 된다.

(5) 크게 노하여 소산하는 경우

임산부가 크게 노한 뒤에 갑자기 배에 통증을 느끼고 혈을 토하며 유산하고 유산한 뒤에도 여전히 배가 아프면 흔히 간장의 노기가 아직 없어지지 않아서 생긴 통증이라고 생각하는데 이는 혈이 경맥으로 운행하지 못해서 생긴 증상이다.

간은 혈을 저장하는 역할을 하며 성질이 몹시 급하여 혈이 드나드는 문을 닫지 못하면 그 혈들이 간으로 들어가 저장되지 못하고 포태로 쏠리게 된다.

포태는 심과 신장 사이에 거처하고 심장과 신장이 통하였으므로 간혈이 충격을 받게 되면 자연히 심장과 신장이 통하는 길을 막게 된다. 심과 신장의 길이 막혔으므로 당연히 태아가 수액과 화의 자양을 받지 못하여 아래로 밀리면서 유산하는 것은 당연한 이치이다.

유산 후에도 배에 여전히 통증을 느끼는 것은 심장과 신장이 서로 교접되지 못하고 간기를 손상하면서 간혈이 심으로 들어가려하나 심장이 받아들이지 않고 신장으로 들어가려해도 신장이 받아들이지 않아 혈이 안정되지 못하고 통증이 멎지 못하기 때문이다.

치료 방법은 혈을 이끌어 간으로 들어가게 하면 복통이 멎는다. 그러나 혈만 이끌어 간으로 들어가게 해주고 간기를 소통하게 하지 않으면 간기가 거슬리면서 혈도 간으로 들어가 저장되지 못한다.

인기귀혈탕

재료 : 백작 5돈(술에 볶는다), 당귀 5돈(술에 씻는다), 백출 3돈(흙에 볶는다), 감초 1돈, 흑개수 3돈, 단피 3돈, 건강단 5푼, 향부자 5푼(술에 볶는다), 맥문동 3돈(속을 빼버린다), 울금 1돈(식초에 볶는다)

이를 물에 달여 복용한다.

이 처방의 이름을 인기(기를 이끌어주는 것)라고 하였지만 실질적으로는 인혈(혈을 이끄는 것)하는 것이며 혈을 이끄는 것도 곧 기를 이끄는 것이다. 기가 간으로 들어가게 되면 혈도 간으로 들어가며 기혈이 모두 정상적으로 운행되면 복통은 자연히 멎는다.

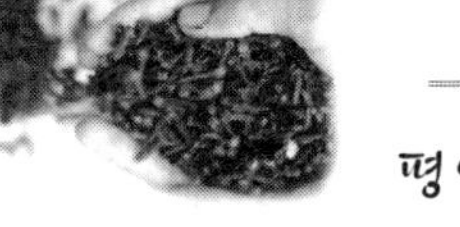

평언 : 산후에는 백작을 사용하는 것을 꺼리는데 백작이 맛이 시고 성질이 차기 때문이다.

유산한 뒤에 백작을 5돈까지 사용하였는데 상원(정월 15일)에 태어난 사람은 괜찮아도 하원에 태어난 사람은 사용할 수 없다.

부득이 써야하는 경우라면 백작을 볶아서 탄으로 만들어 3돈 가 사용하면 된다. 나머지 약들도 약물의 포제방법을 준수해야 한다.

3. 출산

(1) 난산

① 혈이 허하여 발생되는 난산

산통을 여러 날을 겪어도 분만하지 못하면 사람들은 흔히 기가 허약해서 태아를 산문으로 밀어주지 못하기 때문이라고 생각한다. 이는 혈이 허하고 막혀 태중에 혈이 부족해 태아가 몸을 돌리지 못해 발생한 증상이다.

태아는 처음 신장의 정에 의해서 형성이 되며 오장육부의 혈에 의해서 생장한다. 때문에 혈이 왕성해야 출산이 쉬워지고 혈이 부족해지면 출산에 어려움을 겪게 된다. 그러므로 이런 증상에는 출산 전에 혈을 보양해주는 약을 처방해야 한다.

혈을 보양해주는데 있어서 혈을 재빨리 생성하는 것은 어려우므로 이때는 반드시 기를 먼저 보양해주어 혈을 생성하게 해야 한다. 그러나 이때 기만 보양하는 처방을 할 수는 없다. 왜냐하면 혈은 부족한 상태에서 단순히 기만 보양을 해준다면 기만 너무 왕성해져 기가 편승하면서 상승만 하고 하강하지 못하여 출산이 더 어려워질 수 있다.

이런 폐단을 방지하기 위해서는 혈과 기를 함께 보양해주어야 한다. 기와 혈이 함께 왕성해지면 기는 태아를 아래로 밀어주고 혈이 충만하면 태아가 몸을 돌리지 못하는 난산은 발생하지 않는다.

─ 송자단 ─

재료 : 생황기 1냥, 당귀 1냥(술에 씻는다), 맥문동 1냥(속을 빼버린다), 숙지 5돈(9번 찐다), 천궁 3돈

이를 물에 달여 복용한다. 2첩이면 출산하는데 태아가 가로의 위치로 있거나 거꾸로 출산하는 일이 없다.

이 처방에서는 혈을 보호하는 약과 기를 보양해주는 약물을 비교할 때 혈을 보양해주는 약물이 기를 보양해주는 약물보다 더 많다. 기를 보양해주는 약은 오직 황기뿐으로 그 외의 약은 모두 혈을 보양해주는 약물이다. 혈이 왕성해지면 기를 자양해주게 되고 기가 생성되면 혈은 의탁이 있으므로 포태도 윤택해지면서 출산은 자연히 쉬워진다.

평언 : 이 처방을 사용할 때 만약 첫 출산으로 치골 결합이 열리지 않으면 구판(꼬리 쪽으로) 3돈, 출산한 여성의 정수리의 머리카락 3돈을 취해서 깨끗이 씻고 새 기왓장을 불에 올려놓고 머리카락을 굽는데 재가 되면 다른 약들과 함께 달이고 복용하면 효과가 있다.

② 교골이 열리지 않는 난산

태아가 산문에는 이르렀지만 출산하지 못하면 위급한 상황으로 임산부와 태아가 사망할 수도 있다. 사람들은 양수가 먼저 터져 수액이 부족해지면서 산도가 매끄럽지 못해 생기는 증상이라 생각하지만 이는 교골이 열리지 않아 발생하는 증상이다.

산문의 위쪽에 결합되어있는 두 개의 뼈를 교골(交骨)이라고 한다.

이 교골은 출산 전에는 치밀하게 결합되어 있다가 출산 시 바로 열려야 하는데 여성의 산문의 근육은 사선으로 형성되었고 피부도 가로로 형성되었으므로 넓어질 수도 좁아질 수도 있으며 크게 열리거나 좁게 열릴 수도 있다. 사실상 교골도 완전히 융합된 것이 아니므로 산문이 크게 열리면 손을 넣어 포태를 만질 수도 있다.

이 교골은 산문 아래에 위치한 관문과 같으며 여성들에게 있어서는 열쇠와 같은 작용을 한다. 만약 교골이 열리고 닫히지 않으면 내장이 아래로 밀려 내려오며 교골이 열리지 않으면 태아를 출산할 수 없다.

교골이 열리고 닫힘은 기와 혈이 주관한다. 혈은 왕성하지만 기가 쇠하면 태아가 아래로 내려와도 산문을 열지 못하며 기가 왕성해도 혈이 부족하면 산문은 열렸지만 태아가 아래로 내려오지 못한다.

그것은 기는 교골을 열어주고 혈은 태아를 돌려주기 때문이다. 그러므로 순산하려면 기와 혈을 크게 보양해주지 않으면 안 된다. 그러나 교골은 쉽게 닫히지만 여는 일은 그리 쉽지 않다.

출산에 가까이 이르러 교골이 열리지 않는 것은 산전에 성욕이 많아 정을 너무 허비해서이다. 정을 허비하는 것은 곧 기혈생성의 근본을 상실하는 것이기에 기와 혈이 크게 부족해지게 된다.

기혈이 부족하기에 산문을 습윤하게 해주지 못하고 교골을 열어주지 못한다. 때문에 교골을 열리게 하려면 기와 혈을 보양해주는 것과 동시에 교골을 열리게 하는 약물을 배합해주어 보양해줌과 아울러 열어준다면 교골이 열리지 못하는 폐단이 없어지므로 최산(催産)하는 조치를 쓰지 않아도 태아는 자연스럽게 아래로 내려오며 산모와 태아에게도 위험이 없다.

이를 물에 달여 복용한다. 1첩이면 산문이 열리는 소리가 나면서 교골이 열리고 출산한다.

이 처방은 인삼으로 기를 보양해주고 천궁과 당귀로 혈을 보양해주며 홍화로는 혈을 잘 운행되게 해준다. 우슬로는 태아가 아래로 내려오게 해주며 작목지로는 교골을 열어주는데 군, 신, 좌, 사 약들이 서로 배합되어 협력하므로 보양해주면서도 열어주므로 신통한 효과를 볼 수 있다.

작목지만 사용하여도 교골을 열 수 있지만 기와 혈을 보양해주지 않는다면, 교골이 열린 뒤 다시 결합되지 못하면서 하부로부터 풍사가 침입하여 질병이 발생될 우려가 있으며 열고 닫는 작용도 이 처방만큼 신통하지 못하다. 태아가 산문에 이르기 전에는 작목으로 산문을 열지 말아야 하지만 강자탕을 써도 무관하다. 강자탕이 기와 혈을 보양해주기 때문이다.

그러나 작목 한 가지만 쓰려면 태아가 산문에 이른 뒤에 사용해야 한다.

평언 : 이 처방은 태아가 산문에 이른 뒤 구급을 위하여 조성한 처방이다. 만약 태아가 산문에 이르지 않았고 혈이 허하여 난산하는 경우는 앞의 송자단을 복용해야지 이 처방을 복용해서는 안 된다.

③ 발이나 손이 먼저 나오는 난산

임산부가 분만할 때 태아의 발이 먼저 나오거나 손이 먼저 나오면서 분만하지 못하면 사람들은 흔히 태아가 가로로 누웠거나 거꾸로 누웠기 때문에 발생한 증후라고 하지만 이는 기와 혈이 허해서 발생한 증상이다.

포태에서 태아의 정상위치는 바로 앉은 자세로 얼굴을 뒤로 향하고 여자인 경우는 얼굴을 앞으로 향하는데 분만할 때가 되면 태아는 돌면서 머리가 아래로 향하면서 분만된다. 이는 물론 선천적인 영향도 있지만 산모의 기와 혈의 도움도 필요하다.

산모의 기와 혈이 충족하면 분만이 순조롭고 기와 혈이 부족하면 태아는 잘못된 위치로 움직이게 된다. 태아의 위치가 바르면 분만이 쉽고 위치가 틀리면 분만이 어려워진다. 기와 혈이 부족해졌으므로 임산부가 허약해졌을 것이고 포중에 있는 태아도 무력해지면서 위치를 돌리지 못한다.

이리하여 발이 먼저 나오거나 손이 먼저 나오게 된다. 이런 경우는 태아의 손이나 발에 침을 찌르면 태아가 아파 손발을 거둬들이게 되는데 이때 전천탕을 급히 사용하여 태아를 돌려 순산하게 해야 한다.

전천탕

재료 : 인삼 2냥, 당귀 2냥(술에 씻는다), 천궁 1냥, 천우슬 3돈, 승마 4푼, 부자 1푼(포제 한다)

이를 물에 달여 복용한다. 1첩이면 태아는 몸을 돌리며 2첩이면 분만이 순조로워 진다.

이 처방의 특징 중 인삼으로 부족해진 기를 보양해주고 천궁, 당귀로 혈을 자양해주는 것은 누구나 다 짐작할 수 있지만 승마와 우슬과 부자를 사용함에 있어서는 의아해할지 모른다. 하지만 이 약물들을 통해서 경맥의 기가 잘 통하게 하여 분만을 촉진한다.

평언 : 약을 3첩 먹고 태아의 손발에 침을 찔러도 몸을 돌리지 못한다면 임산부의 합곡혈에 침을 찌르면 분만하게 된다. 그러나 손을 넣어 태아를 잡아당기거나 한다면 산모와 태아의 생명이 모두 위험진다.

④ 기가 거슬리면서 분만하지 못하는 난산

어떤 임산부는 분만할 예정일이 며칠이 지났으나 분만하지 못하여 분만 촉진제를 복용하였으나 효과가 없는 경우가 있다. 이런 경우 흔히 교골이 열리지 않았기 때문이라고 생각하는데 이 증상은 기가 거슬리기 때문에 발생한 증상이다.

교골이 열리지 않으면 분만하지 못하는 것은 당연한 일이고 태아의 머리가 이미 산문에 이르렀어도 분만하지 못하면 교골이 열리지 않았기 때문이므로 이때에는 교골을 열어주는 처방을 사용해야 한다.

만약 태아의 머리가 아직 산문에 이르지 않았으면 이것은 기가 거슬리면서 정상운행을 하지 못하여 태아가 몸을 돌리지 못하기 때문이지 교골이 열리지 않아서가 아니다.

이런 경우에 교골을 열리게 한다면 산문이 크게 열리면서 태아는 미처 머리를 돌리지 못하고 아래로 내려가기에 당연히 비상사태가 발생한다. 그러니 교골을 여는 방법을 함부로 사용해서는 안 된다.

무릇 분만은 너무 일찍 자리에 앉는 것을 꺼린다. 태아가 아직 머리를 돌리지 않았으면 분만이 어려워질 텐데 너무 일찍 자리에 앉는다면 산모에게 공포심부터 생긴다. 공포가 생기면 두려워하게 되는데 이러면 기가 아래로 빠지고 위로 올라가지 못한다.

기가 위로 올라가지 못하니 상초가 막혀 통하지 못하므로 기가 거슬린다. 기가 위로 거슬리면 상초가 팽창하면서 기는 더욱 운행하지 못하면서 상초와 하초 사이에서 막혀 버린다. 이떼 분만을 촉진시킨다면 기가 더욱 거슬리고 태아도 막혀 잘 내려오지 못한다.

그러니 기가 거슬릴수록 분만이 더 어려워진다. 치료방법은 기가 잘 운행되도록 하여 태아가 몸을 돌려 아래로 향하게 하는 것이다.

서기산

재료 : 인삼 1냥, 당귀 1냥(술에 씻는다), 천궁 5돈, 백작 5돈(술에 씻는다), 자소경 3돈, 우슬 3돈, 진피 1돈, 시오 8푼, 총백 7촌

이를 물에 달여 복용한다. 1첩이면 거슬리던 기가 정상적으로 운행되면서 태아는 아래로 내려온다.

이 처방은 기를 잘 운행되게 해주면서 기를 보양해준다. 기가 거슬리는 것은 기가 허하기 때문이며 기가 허하기에 쉽게 공포감을 느끼게 된다. 때문에 기를 보양해주면 공포감도 안정되는데 공포심이 없어지면 거슬리던 기도 안정된다.

 **평언** : 분만하기 3일 전부터 산모는 배가 잠깐씩 아픈 현상을 겪게 되는데 이를 가리켜 시통(始痛)이라고 한다. 이때에는 자리에 앉지 말아야 한다.

⑤ 태아가 산문에서 숨겨 분만하지 못하는 난산

임산부가 분만기에 이른지 3~4일이 되었는데 태아가 산문에 이르렀으나 교골이 열리지 못하여 분만하지 못하고 숨진 경우를 말한다. 또한 이때는 교골을 열어주는 약을 사용하여도 효과가 없으므로 사망할 위험이 있다. 다행이 산모가 숨지지 않은 것은 포태가 이미 산문으로 내려오고 모체와 분리되어 모체의 기는 이탈되지 않았기 때문이다.

치료방법은 태아와 상관없이 모체부터 구해주어야 한다.

그러나 태아가 산문에서 숨지고 막혀있으므로 그것을 밀어내야 하는데 한다. 이러면 기혈이 왕성해지면서 숨진 태아가 밀려나온다.

만약 단순히 태아를 밀어내는 약만 쓴다면 태아가 꼭 밀려나온다고 단정할 수 없을뿐더러 또 모체의 기가 허탈하므로 좋은 방법이 아니다.

구모단

재료 : 인삼 1냥, 당귀 2냥(술에 씻는다), 천궁 1냥, 익모초 1냥, 적석지 1돈, 형개수 3돈(검게 볶는다)

이를 물에 달여 복용한다. 1첩이면 사태(死胎)가 밀려나온다. 이 처방은 천궁, 당귀로 혈을 보양해주고 인삼으로 기를 보양해주어 우선 기와 혈을 왕성하게 만든다.

이러면 승강기능이 정상적으로 진행되면서 기와 혈이 태아를 밀어낸다. 익모초는 사태를 잘 밀어내는 작용이 있고, 적석지는 어혈을 푸는 작용이 있으니 사태는 막힘없이 밀려나간다.

평언 : 이 처방은 가감해서 사용하지 말아야 한다.

⑥ 태아가 뱃속에서 숨져 분만하지 못하는 난산

분만기가 된지 6~7일이 지나 양수도 이미 터졌는데 분만하지 않으면 사람들은 흔히 난산으로 생각하는데 이는 태아가 뱃속에서 숨졌기 때문에 발생한 증상이다. 태아가 산문에서 숨졌다면 그것을 판명하기 쉽지만 태아가 뱃속에서 숨진 경우는 판명하기가 힘들다.

태아가 산문에 이른 경우 정상적인 태아는 머리를 내밀었다가 들어가며 움직이지만, 숨진 태아는 조금의 미동도 없으며 손으로 밀어보아도 여전히 움직이지 않는다.

만약 숨진 사태가 아니라면 손으로 태아의 머리카락을 살짝 당기면 태아가 되돌아 들어가므로 쉽게 판단할 수 있다. 그러므로 태아는 뱃속에서 숨졌으나 모체를 급히 구해내야 한다면, 모체의 얼굴이 석탄 같이 검은색을 띠지 않아야 한다. 이는 비록 태아가 뱃속에서 숨졌으나 모체의 기가 이탈하지 않았음을 반영한다.

또한 태아가 뱃속에서 숨졌고 모체도 구할 수 없는 경우 모체의 얼굴색은 필연코 연기에 그을린 듯하다. 이러면 태아도 숨졌고 모체도 생기를 잃은 것이다. 이런 방법으로 생사를 가려냄은 거의 확실하다.

태아가 이미 뱃속에서 숨졌으니 그것을 밀어내지 못해도 위험하지만 억지로 밀어내어도 역시 위험한 일이다. 왜냐하면 분만기가 6~7일이 지나 모체의 기가 몹시 허해졌기 때문이다.

만약 억지로 밀어낸다면 모체가 당해낼 수 없다. 만약 억지로 태아를 밀어낸다면 태아가 나온다고 하여도 모체는 위험을 모면하지 못하고 사망에 이르게 된다. 그러므로 모체를 보양해주어 기혈이 왕성해지면 사태는 자연히 밀려나온다.

연
히 밀려나온다.

이를 물에 달여 복용한다. 1첩이면 사태가 밀려나오고 모체를 구원할 수 있다. 출산 시 태아의 머리가 먼저 아래로 돌아야 하는데 모체의 기와 혈이 허하면 태아가 머리를 돌려 아래로 행하지 못한다. 이때 분만촉진제를 쓴다면 태아의 기혈이 부족해지면서 태아가 아래로 내려오지 못하고 뱃속에서 막혀 숨질 수도 있다.

때문에 분만이 어려워지는 경우라면 분만촉진제를 절대 쓰지 말아야 하며 기와 혈을 보양해주어 모체를 건강하게 해주면 태아도 위험하지 않다.

이 처방은 태아가 모체의 뱃속에서 숨졌고 모체의 생명이 위험에 처한 경우를 설명한 것으로써 의연히 기와 혈을 크게 보양해주므로 곧 근본을 구원하는 것이다.

평언 : 이 처방의 특징은 사태를 밀어내면서도 후박을 사용하지 않았다는 것이다. 실제 임산부의 얼굴이 검고 혀가 푸른 환자가 있었는데 기와 혈을 자양해주고 혈을 잘 운행되게 하는 약물을 배합하고 치료하여 모자가 모두 위험을 모면한 경우가 많다.

(2) 정상 분만

① 정상 정만을 했으나 태가 나오지 않는 경우

정상 분만으로 태아를 출산하였지만 태(胎)가 나오지 못하고 뱃속에 2~3일이 경과된 경우를 말한다. 산모는 마음이 번거로워 안절부절 못하며 때로는 까무러칠 듯한 느낌마저 든다.

이는 혈이 부족하고 고갈되면서 태가 유착되어 나오지 않아서 생긴 증상이다. 태가 나오지 않으면 어혈이 생기고 혈이 잘 운행하지 못하기에 혈훈증이 발생할 우려가 많다.

치료방법은 기와 혈을 크게 보양해주어 혈이 생성되면 태를 밀어주고 태도 윤활시켜주어 쉽게 나올 수 있게 하는 것이다. 또 기를 생성되게 하는 것이 곧 혈을 생성되게 하는 것이므로 혈은 자연히 신속히 생성되기에 태는 더욱 쉽게 밀려나온다.

송포탕

재료 : 당귀 2냥(술에 씻는다), 천궁 5돈, 익모초 1냥, 유향 1냥(기름을 빼지 않는다), 몰약 1냥(기름을 빼지 않는다), 형개수 3돈(검게 볶는다), 사형 5리(연마하여 따로 약물에 타서 복용한다)

이를 물에 달여 복용하면 태가 금방 밀려나온다.

이 처방은 천궁, 당귀로 기와 혈을 보양해주고 형개로는 혈을 이끌어 혈맥으로 들어가게 해주며, 익모초, 유행 등으로 어혈을 없애고 태가 밀려나가게 해주며 또 혈이 새롭게 생성되게 하는데 이러면 어혈이 머물지 못한다. 기가 왕성해져 위로 올라가면 어혈과 혼탁한 것들이 아래로 내려오게 되니 태가 나오지 않을 걱정이 없다. 태는 태아를 감싸주던 것인데 태아와 함께 나오지 못하면 곧 모체에 머물게 된다. 태아가 분만될 때 태가 태아와 함께 나오지 못하고 모체의 뱃속에 머무는 것은 마치 모체를 따르려는 마음이 있는 듯하다.

또한 탯줄에 있던 기가 신속하게 없어지지 않아 태가 머무르게 된 것이며 이로 인해 태가 나오려 해도 나오지 못한 것인데 뱃속에 6~7일이나 머물러 있어도 부란되지 않은 것은 아직 생기가 남아있다는 것이다.

어떤 이들은 태가 생기가 있다고 하면 기와 혈을 보양해주면 태가 더 견고하게 부착되어 나오지 않을까 하는 의문을 제기한다.

그것은 출산 전에 보양해주면 태아에게 도움이 되고, 출산한 뒤에 보양해주면 모체에 도움이 됨을 모르기 때문이다. 태아의 기를 북돋아주면 태가 머물러 나오지 못하고 모체의 기를 북돋아주면 태가 쉽게 분리된다.

이것은 마치 포태의 기가 드나드는 관문과 같이 관문이 통하면 결합되고 관문이 닫히면 갈라진다. 그러므로 기혈을 크게 보양해주면 태가 오히려 아래로 밀려나오게 된다.

어느 한 산모가 출산한지 5~6일 되었지만 태가 뱃속에 머물러 있어 갖은 방법으로 치료하였으나 결국 나오지 않았다. 하지만 환자는 까무러치거나 어지러운 증세는 조금도 없었다. 사람들은 어혈과 유착으로 인한 증상이라고 생각하지만 이는 기가 허하여 태를 밀어주지 못해서 발생하는 증상이다. 어혈이 뱃속에 있으면 어지러움을 느끼게 된다.

현재 환자에게 다른 별고가 없는 것은 이미 혈은 깨끗해졌기 때문이다.

혈이 깨끗해지려면 맑은 기가 위로 올라가고 혼탁한 기가 아래로 내려와야 한다. 지금 태가 나오지 않았으니 맑은 기가 아래로 내려만 오고 위로 올라가지 못하며 혼탁한 기가 아래로 내려와야 한다.

허나 태가 나오지 않았으니 맑은 기가 아래로 내려만 오고 위로 올라가지 못하며 혼탁한 기가 위로 올라가면 필연코 번거로워 안절부절 못하는 증상이 있기 마련인데 지금 환자가 인정하는 것은 맑은 기와 혼탁한 기가 함께 아래로 내려가고 위로 오르지 못하기 때문이다.

그렇다면 이때 기를 보양해주면 혼탁한 기가 위로 올라가지 않겠는가 하는 의문이 생기는데 그것은 맑은 기가 위로 올라가야 혼탁한 기가 아래로 내려온다는 도리는 있어도 맑은 기가 위로 올라가면 혼탁한 기도 위로 올라간다는 도리가 없음을 모르기 때문이다.

혼탁한 기를 보양해주면서 또 청탁을 갈라주는 약물을 사용하므로써 맑은 기를 위로 올라가게 하는 것은 곧 혼탁한 기를 아래로 내려가게 하는 것이다.

보중익기탕

재료 : 인삼 3돈, 생황기 1냥, 시호 3푼, 자감초 1푼, 당귀 5돈(흙에 볶는다), 백출 5푼(흙에 볶는다), 승마 3푼, 진피 2푼, 내복자 5푼(볶아서 다듬는다)

이를 물에 달여 복용한다. 1첩이면 태가 저절로 밀려나온다.

이때 보중익기탕은 기를 들어 올리는 방제이지 밀어내는 방제가 아닌데

어찌 태가 밀려나올 수 있는지 의문을 가질 수 있다.

이는 혼탁한 기가 내려오지 못하는 것이 맑은 기가 위로 올라가지 못해서임을 모르기 때문이다. 그러므로 맑은 기를 들어 올리면 혼탁한 기가 아래로 내려오므로 밀어내는 방법을 쓸 필요가 없다. 하물며 내복자 가루를 몇 푼 배합하여 혼탁한 기를 조리하고 내려가게 하였으니 혼탁한 기와 맑은 기가 서로 막히지 않으므로 좋은 효과를 볼 수 있다.

② 출산 후 기가 허하여 생긴 혈훈증

산모가 태아에게 젖을 먹일 때 갑자기 눈앞이 깜깜해지고 아물거리며 어지럽고 메스꺼워 토하려 하며 마음이 들떠 황홀한 기분이 들거나 혼이 나간 것 같은 느낌이 드는 경우를 말한다.

흔히 속에 어혈이 있어 심을 건드리기 때문이라고 생각하는데 이는 기가 허하여 이탈되려하기 때문에 발생한 증상이다. 또한 산모가 분만으로 혈을 많이 잃어 혈실이 공허해지고 기만 조금 남았기 때문이다.

가령 평소에 양기가 허했다면 혈을 생성하지 못하는데다가 심중의 혈이 태아를 양육하였고 또 분만할 때 심중의 혈은 태아의 출산과 함께 배설되었으니 심은 혈의 자양을 상실하였고 다만 미약해진 기에만 의지하여 기능을 유지한다.

또 기가 허하여 이탈되면서 심을 돌보지 못하고 남아있는 혈들도 동원하여 심을 구하려고 하나 혈은 부족하고 정상적으로 운행하지 못하여 심맥으로 들어가지 못하기에 기가 혼란해지면서 혈훈증이 발생하게 된다.

치료방법은 기와 혈을 크게 보양해주어야 한다. 이때 혈훈만 치료해서는 안 된다. 어떤 사람들은 혈훈증은 열이 위로 치밀면서 발생된 것이기에 혈을 보양해주면 열이 더욱 더 치밀어 오르지 않겠는가 하며 의문을 갖는다. 하지만 그것은 혈이 생성되지 못하면 어혈이 흩어지고 없어지지 못하며, 혈을 보양해주면 신선한 혈이 생성되는데 이러면 혈의 운행이 활약하고 어혈이 없어질 수 있음을 모르기 때문이다.

그렇지만 혈은 유형의 물질로서 신속히 생성되지 못하며, 기는 무형의 물질로서 신속히 생성될 수 있으므로 기를 보양해주어 혈이 생성되게 하면 직접 혈을 보양하고 혈을 생성되게 하는 방법보다 더 쉽다.

보기해훈탕

재료 : 인삼 1냥, 생황기 1냥, 당귀 1냥(술에 씻지 않는다), 흑형개수 3돈, 건강탄 1돈

이를 물에 달여 복용한다. 1첩이면 어지럼증이 멎고 2첩이면 마음도 가라앉는다. 3첩이면 혈이 생성되며 4첩을 복용하면 혈이 왕성해져 다시는 어지럼증이 발생하지 않는다.

이 처방은 어지럼증을 제거하는 좋은 약으로써 인삼, 황기로 기를 보양해주면 기가 왕성해지면서 혈을 생성한다. 또한 당귀로 혈을 보양해주어 혈이 왕성해지면 기를 자양해준다.

기와 혈이 왕성해지면 마음도 자연히 안정하게 된다. 형개탄은 혈을 이끌어 혈맥으로 들어가게 해주며 건강탄은 어혈을 없애고 양기를 이끌어

끌어 혈맥으로 들어가게 해주며 건강탄은 어혈을 없애고 양기를 이끌어 잘 운행되게 한다. 하여 어혈이 없어지고 혈이 정상적으로 운행하면 어지럼증은 다스리지 않아도 자연스럽게 낫는다.

평언 : 이 처방의 효과를 방해하지 않도록 약재를 가감하지 말아야 한다.

③ 산후 혈훈으로 말하지 못하는 경우

금방 분만한 산모가 까무러치고 말을 하지 못하는 것은 기와 혈이 허탈되었기 때문이다. 이런 경우에는 급히 은침(銀針)으로 양미간 중심에 침을 찔러서 피를 삼출시키면 말할 수 있게 된다. 그런 다음 인삼 1냥을 달여 마시게 하면 생명을 구하지 못하는 경우가 거의 없다.

또 황기 2냥에 당귀 1냥을 배합한 당귀보혈탕을 되게 달여 마셔도 소생시킬 수 있다. 그러나 앞서 언급한 2개의 처방에 함부로 부자를 가미해서는 안 된다.

왜냐하면 부자는 어느 경맥이나 다 가므로 오히려 기와 혈을 이끌고 전신으로 다녀 포태에 집중하여 주입되게 하지 못하므로 인삼, 당귀, 황기처럼 직접 이탈되려는 기를 구해주고 기와 혈이 흩어지지 않게 할 수 없기 산후에 까무러치는 것은 혈실이 공허하여 혈이 심을 자양해주지 못하기 때문이다. 두 눈썹 사이에 혈은 위로는 뇌와 통하고 아래로는 혀와 통하고 심에 연결되어 있다. 그러므로 양미간에 침을 찌르면 뇌와 혀가 통하면서 심의 맑은 기가 위로 상승하게 되고 어혈은 자연히 아래로 내려가게 된다.

다음 인삼, 황기, 당귀와 같은 기와 혈을 보양하는 약을 달여 복용하게 되면 기와 혈이 끊임없이 운행하게 되었으니 나을 수 있다. 비록 인삼, 황기, 다우기만 사용해도 생명을 건질 수는 있지만 양미간에 침을 찌르는 방법이 더 효과가 있다.

④ 산후 폐혈이 심장으로 치밀면서 생긴 혈훈과 발광

산후 2~3일이 되어 산모가 열이 나고 산후 이슬이 흐르지 않으며 폐혈이 심으로 치밀어 헛소리를 하고 고함을 지르며 심한 경우는 발광하는 경우가 있다.

이런 증상을 일반적으로 위에 열사가 심해서 생긴 증상이라고 생각하지만 이는 혈이 허하여 심을 자양해주지 못해서 발생하는 증상이다.

출산 시 혈은 포태와 함께 겉으로 흘러나가므로 혈실이 공허해지고 혈도 부족해 장부를 자양하지 못한다.

다만 심에 혈이 얼마간 남아 있어서 심을 돌본다. 장부들은 혈의 자양을 받지 못하면 심에서 혈을 공급받으려고 한다. 심포는 군주인 심의 재상으로서 다른 장부의 기가 심으로 들어오지 못하게 방어해준다.

그러므로 심과 신면이 안정할 수 있는 것은 모두 심포의 작용이 있기 때문이다. 만약 심포도 허해지면 심을 보호해주지 못하기에 각 장부의 기가 심으로 들어가면서 심혈을 쟁탈하기에 심포가 다급하여 군주인 심을 돌볼 수 없고 또 각 장부의 기를 막아내지 못하므로 큰소리를 지르며 발광하게 되는 것이다. 때문에 병세는 열증 같아 보이지만 실질은 열이 있어서가 아닌 것이다. 치료방법은 심혈을 크게 보양해주어 장부들이 혈의 자양을 받을 수 있게 해주면 심을 교란하지 않는다. 이러면 심장도 태연해지고 심포도 안정된다.

— 인삼탕 —

재료 : 당귀 2냥, 천궁 1냥, 생지 5돈, 단피 5돈, 생포황 2돈, 건하엽 1잎(약을 이끌어 주게 한다)

이를 물에 달여 복용한다.

1첩이면 발광이 멎고 산후 이슬도 흐르기 시작한다. 이 처방은 천궁, 당귀로 혈을 자양해주지만 생지와 단피는 혈을 식혀주므로 산후 적합하지 않은 약물이라고 생각하기 쉽지만 산후 이슬이 흘러나오지 못하고 심으로 달릴 수 있는 것은 허열을 동반했기 때문이다.

그러므로 혈을 보양해주는 것과 동시에 혈을 식혀주면 해를 입지 않는다. 또 하엽으로 7규들을 서로 통하게 해주고 사기를 이끌어 없어지게 하므로 심을 해하지 않는다. 또 포황으로 이슬을 분해해 배설시킨다. 그렇지만 이 처방은 발광을 안정시키는데만 잠시 사용해야지 과용하여 해를 보는 일이 없도록 해야 한다.

⑤ 산후 직장탈수

산모의 탈장도 위험한 증상이다. 사람들은 직장이 탈수되면 산문이 막히지 않아서 생기는 증상이라고 판단하는데 이는 기가 허해서 아래로 함몰되기 때문에 일어나는 증상이다.

기가 허하여 아래로 함몰되면 들어 올리는 작용이 있는 약물로써 기를 들어 올려야 한다. 그렇지만 금방 분만한 뒤여서 속에 어혈이 있으므로 기를 들어 올리는 방법을 쓴다면 어혈도 위로 올라가면서 심을 건드릴 우려가 있으며 이상한 변화가 발생될 수 있기에 단순히 들어 올리는 방법을 쓸 수 없다.

기를 들어 올릴 수 없다고 하니 기가 아래로 함몰되는 것은 다른 방법을 써야 하는데 기가 아래로 함몰되는 원인은 먼저 기가 허해서이다. 그러므로 기를 보양해주면 기가 왕성해지면서 자연히 직장을 들어올린다.

기를 보양해주는 약물을 적게 사용한다면 기력이 부족하기에 위로 올라가지 못한다. 그러므로 반드시 기를 보양해주는 약물이 더 많아야 양기가 왕성해지면서 기가 위로 올라간다.

보기승장음

재료 : 인삼 1냥(꼭지를 버린다), 생 황기 1냥, 당귀 1냥(술에 씻는다), 백출 5돈(흙에 볶는다), 천궁 3돈(술에 씻는다), 승마 1푼

이를 물에 달여 복용한다. 1첩이면 직장이 제자리로 올라간다.

이 처방은 기만 보양해주고 직장을 들어 올리는 약물을 사용하지 않았다. 승마 1푼을 사용한 것은 기를 이끌어 위로 올라가게 해줄 뿐이다.

승마의 작용은 수량이 적으면 기를 올라가게 해주며 수량이 많으면 혈을 위로 올라가게 해주는데 이러한 작용은 반드시 알아두어야 한다.

또 처방에 피마자씨 40알을 찧어 정수리에 붙여 장을 들어 올리게 한다. 장이 되돌아 올라갔으면 냉큼 씻어버려야 한다. 오래두면 혈을 토할 우려가 있다. 이것도 장을 회수시키는 하나의 치료방법이다.

평언 : 분만 시 태아가 나오지 않고 항문이 탈출되는 것을 반장생이라고 한다. 이런 경우면 처방을 복용해서는 안 된다.

이때는 급히 깨끗한 대야에 끓인 물을 붓고 씻는다. 대야에 직장을 담아 넣고 조용히 기다리는데 두려워할 필요는 없다. 분만한 뒤에는 직장이 서서히 회수된다. 만약 분만 시간이 오래되어 대야와 직장이 차가워지면 제때에 회수되지 못한다. 이때에는 급히 더운물을 부어넣어 직장을 따뜻하게 해주어야 한다. 기가 회복되면 장은 회수된다.

만약 태아를 먼저 분만하였으면 급히 본방을 복용해야 한다. 늦게 서두르면 기가 허탈하므로 치료하기 힘들다.

4. 산후

(1) 산후 아랫배가 아픈 경우

산후에 아랫배가 아프며 심한 경우에는 아랫배가 엉킨 듯한 느낌이 들고 누르면 더욱 아플 때가 있다. 이를 보통 아침통이라고 생각하기 쉽지만 사실은 어혈의 이상으로 생기는 증상이다. 아침이라는 것은 전인들이 태아가 머리를 받치던 것이라고 말하는데 태아가 머리를 받쳤을 때에는 아프지 않다가 오히려 태아가 출생한 뒤 아프다는 것은 말이 되지 않는다.

이는 바로 어혈이 있었고 없어지지 않아 한 덩어리로 엉켰기 때문에 발생하는 통증이다. 무릇 이런 경우는 흔히 혈이 충족한 건강한 부녀자들에게서 많이 볼 수 있으며 어혈을 부셔 없애는 약을 쓰면 낫게 된다.

혈의 운행이 활발하면 어혈은 저절로 없어지고 혈이 엉키면 곧 발병원인으로 된다. 만약 혈을 보양해주지 않는다면 혈은 오히려 손상되어 어혈은 저절로 없어지고 손상되었기에 어혈이 없어졌다고 해도 부족해지기 마련이다. 그러므로 혈을 보양해줌과 아울러 어혈을 몰아내는 약물을 적당하게 배합하여 쓴다.

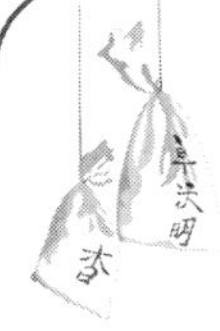

산경정통탕

재료 : 당귀 1냥(술에 씻는다), 천궁 5돈(술에 씻는다), 단피 2돈(볶는다), 익모초 3돈, 형개수탄 2돈, 유향 1돈(기름을 빼버린다), 산사 10알(검게 볶는다), 도인 7알(물에 담가 껍질과 끝을 버리고 볶은 뒤 다듬는다)

이를 물에 달여 복용한다. 1첩이면 통증이 멎고 병이 완치되므로 더 복용할 필요가 없다.

이 처방은 혈을 보양해줌과 아울러 어혈을 없애며 혈을 생성해주면서도 혈괴를 삭혀 없앤다. 또한 이 처방은 전문 통증을 다스리지 않아도 통증이 저절로 멎는다.

부인이 산후에 아랫배가 아프며 누르면 통증이 금방 멎는데 사람들은 이 역시 대부분 아침통이라고 생각한다. 그러나 이 또한 혈이 허한 증상이다.

산후에 혈을 많이 잃으면 혈실이 공허해지므로 대부분의 여성들은 복통을 느낀다. 그러나 배가 아픈 경우는 허증과 실증이 있으므로 가려서 판단해야 한다.

피부가 건조하고 허증으로 인한 통증이 잇으면 반드시 보양해주어야 하는데 산후에 허하여 아픈 경우는 더욱 보양에 신경써야 한다. 다만 혈이 허하여 아픈 경우라면 혈을 보양하는 약물을 사용해야 하는데 혈을 보양하는 약물들이 대부분 윤활한 약물이다.

산후에 혈이 허하면 대장도 건조해지기에 윤활한 성질이 있는 약물이 적합하다.

장녕탕

재료 : 당귀 1냥(술에 씻는다), 숙지 1냥(9번 찐다), 인삼 3돈, 맥문동 3돈(속을 빼버린다), 아교 3돈(해합분에 볶는다), 산약 3돈(볶는다), 속단 2돈, 감초 1돈, 육계 2푼(거친 것을 버리고 연마한다)

물에 달여 복용한다. 1첩이면 통증이 경감되고 2첩에는 통증이 멎는다. 여러 첩을 복용할 수 있다. 이 처방은 기와 혈을 보양해주는 처방으로서 기를 보양해주면서도 기가 뭉칠 우려가 없으며 혈을 보양해주지만 혈이 막혀 통하지 못하는 우환도 없다. 기혈이 생성되면 통증을 멎게 하지 않아도 통증이 자연스럽게 멎는다.

평언 : 전후의 2개 처방은 효과가 아주 훌륭하므로 다른 약물을 가감하지 말아야 한다.

(2) 산후 숨이 차는 경우

부인이 산후에 숨이 차면 가장 위험한 증상이다. 이는 급히 치료하지 않으면 사망할 가능성이 높다. 기가 허해서라고 생각할 수도 있지만 이는 기와 혈이 허탈되기 때문에 발생하는 증상이다.

기와 혈이 허탈하면 사망에 이르지만 이는 혈이 바야흐로 허탈하고 기는 아직 허탈하지 않은 상태이다. 혈은 이탈하면서 머물려고 하지만 기가 혈을 틀어쥐지 못하기에 오히려 숨이 차한다. 그 증상이 위중하다고 해도 구원할 수 있는 것은 바로 숨이 차는 증상이 있기 때문이다.

폐는 기를 주관하므로 숨이 찬 증상은 마치 실증처럼 보이지만 실질은 허한 증상이다. 이런 경우는 혈이 허탈하면서 급히 생성되지 못하기에 폐기의 구원을 바란다.

그런데 폐는 혈을 잃음으로 인해서 기도 허해지면서 얼마 남지 않아 혈의 이탈을 막고 혈을 이끌어 주지 못한다. 기와 혈이 아직 함께 허탈하지 않은 것은 드문 일이다. 그러므로 혈을 구하려면 반드시 기를 보양해주어야 한다.

구탈활모탕

재료 : 인삼 2냥, 당귀 1냥(술에 씻는다), 숙지 1냥(9번 찐다), 구기자 5돈, 산수육 5돈(쪄서 속의 씨를 빼버린다), 맥문동 1냥(속을 빼버린다), 아교 2돈(해합분에 볶는다), 육계 1돈(거친 것을 버리고 다듬는다), 형개수탄 2돈

이를 물에 달여 복용한다. 1첩이면 숨이 찬 증상이 좀 경해지고 2첩이면 더욱 더 경감되며 3첩을 복용하면 천식이 멎는다. 4첩에는 병이 낫는다.

이 처방은 인삼으로 원양을 이어주지만 기만 보양하고 혈을 보양하지 않으면 양기가 건조해지면서 발광하게 된다.

비록 양기가 일시 회생한다고 해도 희생되었다 또 잃게 되며 혈을 보양해주면서도 간과 신의 정혈을 보양해주지 않으면 근원이 튼튼해지지 못하기에 양기가 접속되지 않는다. 때문에 숙지, 산수육, 구기자 등으로 간과 신의 정혈을 보양해주고 따라서 폐기를 크게 북돋아주면 폐기가 왕성해지면서 혈을 힘 있게 들어 올릴 수 있다.

다만 금방 출산한 뒤여서 음을 자양하는 약을 쓰면 양기가 막히면서 기가 잘 운행되지 못할 우려가 있으므로 육계를 배합하여 명문의 화를 보양하여 화가 근원이 있게 해주고 또 인삼을 도와서 기를 생성하게 할 뿐만 아니라 지황 등의 속을 도와 정과 혈을 생성하게 해준다. 만약 양기가 너무 돕는다면 혈이 양기를 따라 움직이고 어혈이 위로 올라갈 수 있기에 안형개를 배합하여 혈을 이끌어 경맥으로 운행되게 해준다.

평언 : 약재들이 잘 배합되어 처방되어 있으므로 가감하지 말아야 한다.

(3) 산후 오한이 나면서 몸을 떠는 경우

부인이 산후에 오한이 나고 메스꺼우며 몸이 떨리고 열이 나고 갈증이 나는 경우를 말한다. 보통 산후의 상한이라고 생각할 수 있지만 이는 기와 혈이 부족하여 정기가 사기를 당하지 못해서 발생하는 증상이다. 무릇 인체의 기가 허하지 않으면 사기는 결코 인체에 침입하기 힘들다.

산모가 혈을 많이 잃으면 그 기도 당연히 허해지게 되는데 기가 허하여 피부와 털을 따뜻하게 자양해주지 못하면 방어기능을 상실하므로 사기가 쉽게 침입하는데 실외의 풍사가 아니라도 조금만 움직여도 풍사가 허한 틈을 타서 인체에 침입하게 된다. 그렇지만 산모인 경우는 풍사가 쉽게 침입하지만 또 쉽게 물러간다.

무릇 외사를 감수받은 경우라면 모두 풍사를 몰아내는 방법을 쓸 필요가 없다. 하물며 산모가 오한이 나는 것은 한기가 속으로부터 생겼기 때문이고 열이 나는 것은 속이 허약하기 때문이며 몸을 떠는 것은 기가 허하기 때문이다. 속이 허약함을 다스린다면 겉에 나타나는 열은 스스로 없어져 버리며 원양을 왕성하게 해주면 몸을 떠는 증상도 자연히 없어진다.

십전대보탕

재료 : 인삼 3돈, 백출 3돈(흙에 볶는다), 복령 3돈(껍질을 벗긴다), 감초 1돈(볶는다), 천궁 1돈(술에 씻는다), 당귀 3돈(술에 씻는다), 숙지 5돈(9번 찐다), 백작 2돈(술에 볶는다), 황기 1냥, 육계 1돈(거친 것을 버리고 다듬는다)

이를 물에 달여 복용한다. 1첩이면 모든 증상들이 낫는다.

이 처방은 기와 혈만을 보양해주고 풍사나 설사는 없애지 않았다. 이것이 바로 정기가 충족하면 사기가 저절로 없어지는 도리이다.

평언 : 연속 몇 첩을 복용해야지 1첩만 복용해서는 안 된다.

(4) 산후 메스껍고 토하는 경우

부인이 산후에 메스껍고 구역질이 나려 하며 때로는 토하는 경우를 말한다. 흔히 위기가 차기 때문에 발생한 증상이라고 하는데 이는 신기가 차기 때문에 발생하는 증상이다. 위는 신의 관문으로서 위가 한랭하면 신기도 역시 위로 들어가지 못한다. 이렇게 신장과 위는 서로 갈라지게 된다.

산후엔 혈을 많이 잃어 신장에 저장되었던 수액이 고갈하게 되는데 수액이 고갈되면 신화가 위로 오르면서 위가 한랭하지 않지만 금방 출산한 뒤라면 수액이 갑자기 부족해지기에 허화가 미처 생성되지 못한다.

그래서 화가 생기지 않았기에 한랭한 증상만 나타난다.

치료는 신중에 있는 화를 보양해주어야 한다. 그렇지만 화는 수액이 자양해주지 않으면 화가 물 위에 떠있는 것처럼 화가 동하면서 음허증이 발생되지 않을 수 없다.

반드시 수액을 보양해 줌과 아울러 화를 보양해 주고 신을 덥게 해줌과 아울러 위를 덥게 해주어야 신이 너무 뜨거워지는 우환이 없으며 위와 서로 어울릴 수 있다.

온신지구탕

재료 : 숙지 5돈(9번 찐다), 파극 1냥(소금물에 담근다), 인삼 3돈, 백출 1냥(흙에 볶는다), 포건강 1돈, 복령 2돈(껍질을 벗긴다), 산수육 5돈(쪄서 속 씨를 버린다), 백두구 1알(연마한다), 귤홍 5푼(생강즙에 씻는다)

이를 물에 달여 복용한다. 1첩이면 구토가 멎고 2첩이면 재발하지 않으
며 4첩을 복용하면 완치된다.

이 처방은 신을 보양해주는 약물이 위를 다스리는 것이기 때문이다. 신
기가 위로 올라가면 위에 있던 한기는 자연히 사라지므로 몹시 더운 방제
를 쓸 필요가 없이 위를 덥게 해주고 한기를 몰아낼 수 있다.

평언 : 이 처방은 반드시 산후 이슬이 없어진 뒤에 복용해
야 한다. 만약 분만한지 1~2일 밖에 되지 않았는데 메스껍고 구토하려 하
면 이것은 이슬이 위로 치밀기 때문이므로 가미생화탕을 사용해야 한다.
전당귀 1냥(술에 씻는다), 천궁 2돈, 포건강 1돈, 동산사탄 2돈, 도인
(연마하여 사용한다), 호아주 1종지, 물 3종지와 함께 달인다.

(5) 산후 혈붕이 발생하는 경우

젊은 부인이 분만한 지 보름이 되어 출혈이 심하고 정신이 혼미하고 어
지럽고 헛것을 보는 증상을 보이면 이는 성생활이 너무 과도하여 생긴 증
상이다.

산후 보름이 되었으면 분만 1~2일에 비할 것은 아니지만 기와 혈이 이
제 막 생성되는 시기로써 아직 완전히 복원되지 않았으며 이슬은 깨끗이

없어져도 포태의 손상은 아직 완전히 치유되지 못하였다.

그러므로 경솔하게 성생활을 하여 생식기계통에 손상을 보는 일이 없도록 해야 한다.

젊고 여린 부인이 금방 기혈이 회복되었는데 성욕이 크게 발동하여 성생활을 탐하면 혈붕이 발생하여 혼미하고 어지러운 증상이 나타난다. 이는 포태가 손상되었을 뿐만 아니라 심과 신이 손상되었기 때문이다.

분명하게 색을 금하지 못하고 또 너무 격렬하게 성생활을 한 탓으로 정을 너무 많이 배설함과 동시에 신기도 함께 이탈되었기 때문이다. 이런 증후는 기와 혈을 크게 보양해주어 치료한다.

구패구생탕

재료 : 인삼 2냥, 당귀 2냥(술에 씻는다), 백출 2냥(흙에 볶는다), 숙지 1냥(9번 찐다), 산수육 5돈(찐다), 산약 5돈(볶는다), 산조인 5돈(생것으로), 부자 1푼(혹은 1돈 포제 한 것)

이를 물에 달여 복용한다. 1첩이면 정신이 들고 2첩이면 어지럼증이 멎는다. 3첩이면 출혈이 멎는다.

한번 복용한 뒤 효과가 있으면 연속 3~4첩을 복용한다. 다음 양을 절반 줄여 또 10첩을 복용하면 건강을 회복할 수 있다.

이 처방은 기를 보양해주고 떠도는 원양을 되돌려준다. 양기가 회복되면 혈을 틀어쥐기에 신기도 돌아오고 정을 생성하면서 연명할 수 있다.

평언 : 평소에 중초의 기가 허하면 산후에 갑자기 혈붕이 발생하고 멎지 못하는데 기도 혈을 따라서 이탈되면 위험한 증후로서 거의 손쓸 수 없다. 다만 독삼탕으로 치료가 가능한데 이는 요인삼(꼭지를 따버리고) 5돈을 부수어 급히 달인다. 자칫 늦으면 기가 허탈해버리므로 빨리 서둘러야 한다. 달인 약물을 천천히 입에 부어넣어 마시게 한다. 나머지 치료는 혈붕을 참조하면 된다. 그렇지만 산후에는 항맥작탄과 다른 찬 약물들은 쓰지 말아야 한다. 이 증후는 분만하기 1~2일 전에 성생활로 인한 것으로 이를 주의해야 한다.

(6) 산후 손으로 포태를 손상하여
조금씩 출혈하면서 멎지 않는 경우

부인이 분만할 때 산파가 산문에 손을 넣은 탓으로 포태가 손상되어 출혈이 조금씩 끊이지 않고 나며 조금이라도 참으려 해도 안 되는 증상이 있는데 이런 증상은 완포음을 사용하여 치료할 수 있다.

완포음

재료 : 인삼 1냥, 백출 10냥(흙에 볶는다), 복령 3돈(껍질을 벗긴다), 생황기 5돈, 당귀 1냥(술에 볶는다), 천궁 5돈, 백급가루 1돈, 홍화 1돈, 익모초 3돈, 도인 10알(물에 담갔다가 볶고 다듬는다)

돼지나 양의 태를 1개 먼저 달인 다음 그 물에 약을 달이고 공복에 10첩을 먹으면 완치된다. 포태의 손상은 포태를 보양하는 약으로 치료해야 하는데 기와 혈을 보양하는데 의문을 가질 수 있지만 이는 근원적으로 난산으로 인해 생긴 일이므로 기와 혈이 허해서 발생한 난산에 대한 치료를 고려해야 한다.

이를 원인과 결과로 살펴보면 산후에는 기와 혈이 크게 손상되므로 본래 허한 기혈을 더 허하게 하였고 허하기에 난산으로 포태가 손상 받았고 포태가 손상 받아 또 기와 혈이 더욱 허해지게 된 것이다.

(7) 산후 사지가 붓는 경우

산후에 사지가 붓고 오한이 나며 열이 나고 숨이 차고 기침이 나고 가슴과 횡격막 부위가 불편하고 신물을 토하며 양쪽 옆구리에 통증을 느끼는 증상을 말한다.

흔히 어혈이 경락에 들어가고 사지로 삼출되면서 경맥의 기가 거슬리기 때문이라고 생각하는데 이는 간과 신이 허해서 음이 양을 자양하지 못하고 음양이 어울리지 못해서 발생하는 증상이다.

산후 기와 혈이 크게 부족해지므로 신수도 자연히 부족해지고 신화도 자연히 치솟는다. 그리고 신수가 부족하여 간을 자양해주지 못하면 간목도 몹시 건조해진다. 간목에 진액이 부족하면 간목이 건조해지면서 화가 발동하는데 간화와 신화는 같은 무리이므로 간화와 신화가 불타오르면서 폐금을 상하게 한다.

이러면 폐금은 간목을 억제하지 못하기에 기침이 나고 숨이 차며 가슴이 답답한 느낌이 들면서 병이 들게 된다. 간화가 왕성해졌으니 아래로 내려가면서 비토를 억제하므로 비토가 간목으로 인해 신수를 제약해주지 못하므로 사지에는 부종이 발생된다.

그렇지만 간목의 화가 왕성한 것은 표면적일뿐 진짜로 왕성한 것은 아니다. 겉으로는 왕성해보이지만 기실은 음이 부족하기 때문이다.

그러므로 때로는 열이 나다가 오한이 나며 오한과 발열이 서로 교체되면서 고정된 시간이 없으며 기가 성하고 쇠함에 따라 한열이 발생된다.

오한도 진짜로 한기가 있어서가 아니고 발열도 진짜로 열이 있어서가 아니다. 그것은 가슴과 흉곽 사이에서 기가 거슬리면서 풀어지지 못해서 발생한 것이다. 양쪽의 옆구리는 간이 거처한 부위이며 신맛은 간에 속한 맛이다. 신물을 토하고 옆구리가 아픈 것은 모두 간이 허하고 신수가 간을 자양해주지 못하기 때문이다.

치료는 혈을 보양해주어 간을 자양하게 해주며 정을 보양하여 혈을 생성되게 한다. 정과 혈이 충족해지면 기도 자연히 순조롭게 운행되므로 오한과 발열, 기침과 부종은 모두 사라진다.

전기탕

재료 : 인삼 3돈, 복령 3돈(껍질을 벗긴다), 백출 3돈(흙에 볶는다), 당귀 5돈(술에 씻는다), 백작 5돈(술에 볶는다), 숙지 1냥(9번 찐다), 산수육 3돈(찐다), 산약 5돈, 흠실 3돈(볶는다), 파고지 1돈(소금물에 볶는다), 시호 5푼

이를 물에 달여 복용한다. 3첩에 효과가 나타나고 10첩이면 완치된다. 이 처방은 혈과 정을 보양해주는 처방으로 기가 거슬리는 것은 기가 허하기 때문이고 간과 신의 기가 허하기 때문이다. 간과 신의 정혈을 보충하는 것이 곧 간기와 신기를 보양해주는 것이다.

허하면 기가 거슬리게 되고 기가 왕성해지면 순조롭게 운행하게 된다. 기가 순조롭게 운행되면 여러 가지 증상들이 어우러져 양은 음을 생성해주므로 음양이 서로 잘 조화된다.

평언 : 이 처방은 약재들이 잘 배합되었으므로 더 가감하지 말아야 하며 백작은 볶아서 탄을 만들어 사용해야 한다.

(8) 산후 육선이 나온 경우

여성이 산문에서 2~3자 길이의 육선이 나오고 통증을 호소하면 포태가 하수된 증상이라 생각하기 쉬운데 이는 대맥이 허탈되어 나왔기 때문에 발생한 증상이다.

대맥은 임맥과 독맥을 얽어매었는데 임맥은 인체의 전면으로 순행하였고, 독맥은 인체의 뒷면으로 순행하였다. 임맥과 독맥이 유력하면 대맥도 견고하고 임맥과 독맥이 무력하면 대맥도 무력해지면서 아래로 처진다.

산후라면 혈을 많이 잃었으므로 혈이 부족하여 임맥과 독맥을 자양해주지 못하여 대맥이 아래로 처져 내려온다. 대맥이 아래로 처지면 허리와 배꼽 사이가 아프고 대맥이 산문 외로 탈수 되었으니 심한 증후일 뿐만 아니라 통증도 극심하다.

— 양수탕 —

재료 : 인삼 1냥, 백출 2냥(흙에 볶는다), 천궁 3돈(술에 씻는다), 숙지 2냥(9번 찐다), 산약 1냥(볶는다), 산수육 4돈(찐다), 흠실 5돈(볶는다), 편두 5돈(볶는다), 파극 3돈(소금물에 담근다), 두중 5돈(검게 볶는다), 백과 10매(찧어서 부순다)

이를 물에 달여 복용한다. 1첩이면 절반이 회수되고 2첩이면 다 회수된다. 이 처방은 임맥과 독맥을 보양해줄 뿐만 아니라 허리와 배꼽의 기도 보양해주는데 그것은 임맥과 독맥은 허리와 배꼽에 연결되어있기 때문이다. 임맥과 독맥을 보양해주면서도 허리와 배꼽을 보양해주지 않는다면 임맥과 독맥에 도움이 되지 않아 대맥을 들어올릴 수 없다.

오직 임맥과 대맥, 허리와 배꼽을 동시에 보양해야만 대맥도 임맥과 독맥의 도움으로 회수될 수 있다.

평언 : 이 처방은 시기가 허한 허리통증과 유뇨를 치료할 수 있으므로 절대 경솔히 해서는 안 된다.

(9) 산후 간위증이 발생된 경우

산후 산문에서 손수건 모양의 혹은 각이 있거나 혹은 갈라진 모양을 가진 물질이 나오면 보통 자궁의 탈락을 의심하지만 이는 간위증으로 발생한 증상이다. 산후에 간위증이 발생하는 이유는 분만 전에 과도한 노역으로 인해 몸을 상하였고 또 스트레스로 인해 간이 혈을 저장하지 못하고 또 분만으로 혈을 많이 잃었기에 간의 지막이 혈과 함께 아래로 탈락되면서 발생한 것이다.

그 모양은 자궁처럼 보이지만 사실은 자궁이 아니다. 자궁이 처져 내려온 모양은 가지와 같으며 산문까지 이르고 산문 밖으로는 나오지 않는다. 오직 간의 지막만이 산문 밖으로 6~7치(20cm)가량 자리에 부착되고 마르면 납작하며 손바닥만큼 크다. 만약 자궁이 하수된 것이라면 바로 사망에 이르게 된다.

이 증상에 대한 치료방법은 기와 혈을 크게 보양해주고 들어 올리는 약물을 배합해주는 것이다. 이러면 간기와 간혈이 왕성해지면서 지막을 자양해주기에 지막은 자연히 회수된다.

수막탕

재료 : 생 황기 1냥, 인삼 5돈, 백출 5돈(흙에 볶는다), 당귀 3돈(술에 씻는다), 승마 1돈, 백작 5돈(술에 볶아 검게 만든다)

이를 물에 달여 복용한다. 1첩이면 지막이 회수된다.

일부 사람들은 백작을 사용하면 생기의 원천을 손상하지 않을까 우려하는데 백작을 산후에 쓸 수 없는 것은 어혈을 거두지 않을까 하는 우려로 인한 것이며 하물며 간에 병이 발생했으니 백작을 사용하지 않을 수 없고 또 기와 혈을 보양하는 처방에 사용하면 신맛으로 수렴하는 작용은 나타나지 않으므로 병을 일으킬 수 있는 빌미는 조금도 없다. 또한 지막이 아래로 처져 내려가니 신맛의 수렴작용으로 승마의 들어 올리는 작용을 도왔으므로 오히려 효과가 신속하게 나타난다.

평언 : 간의 지막을 걷어 들일 수 있는 것은 백자의 작용이므로 백작을 탄으로 만들지 말아야 한다.

(10) 산후 기와 혈이 허하여 젖이 분비되지 않는 경우

부인이 산후에 젖이 한 방울도 나오지 않으면 보통 젖샘이 막힌 것으로 생각하는데 이는 기와 혈이 고갈되어 발생한 증상이다. 젖은 기와 혈이 생화하므로 혈이 없으면 젖이 생성될 수 없고 기가 없어도 젖은 생성될 수 없다. 그러나 혈은 기처럼 혈을 빨리 생성하지 못한다. 초산의 경우 혈이 이미 부족해졌으니 젖을 생성할 때 당연히 혈이 부족하게 된다.

젖은 기가 혈을 운행해주는 작용에 의하여 생화된다. 산후에 며칠이 지나도 젖이 한 방울도 나지 않는 것은 혈이 부족하고 기가 허해졌음을 나타

낸다. 기가 왕성해야 젖이 많아지고 기가 쇠하면 젖도 부족해지며 기가 고
갈되면 젖도 고갈되는 것은 당연한 이치이다. 이때 치료는 기를 보양해주
어 혈을 생성되게 해주면 된다.

통유단

재료 : 인삼 1냥, 생 황기 1냥, 당귀 2냥(술에 씻는다), 맥문동 5
돈(속을 빼버린다), 목통 3푼, 길경 3푼, 돼지족발 2개(발톱을 빼
버린다)

이를 물에 달여 복용한다. 2첩이면 젖이 나게 된다. 이 처방은 전문적으
로 기와 혈을 보양하여 젖이 생기는데 젖은 기와 혈에서 생성되기 때문이
다. 산후에 기와 혈이 고갈되어 젖이 나지 않는 경우는 젖샘이 젖을 분비
하지 못하는 경우와는 다르다.

젖샘을 통하게 하지 않으면서도 〈통유단〉이라고 한 것은 이 처방을 복용
하면 젖이 나기 때문이다.

또한 이 처방은 젖샘을 통하게 하지 않고 젖을 생성하므로 〈생유단〉이라
고 할 수도 있다.

(11) 산후 기가 뭉쳐서 젖을 분비하지 못하는 경우

젊고 건강한 부인이 분만한 뒤 스트레스로 인하여 유방이 붓고 아프면서 젖을 분비하지 못하면 사람들은 양명에 화와 열이 있기 때문이라고 생각하는데 이는 간기가 뭉치고 엉켜서 발생하는 증상이다.

양명은 위에 속하며 기와 혈이 많은 곳이다.

젖의 생화는 본래 양명에 속하는데 양명은 토에 속한다. 몸이 건장한 산모면 산후에 비록 혈을 잃었다고 해도 양명의 기는 쇠해지지 않는다. 그런 간목의 기가 통해야 젖을 생화할 수 있다. 그러니 젖을 분비하지 못하는 것은 양명의 원인만은 아니다.

분만한지 며칠이 지나면 젖을 분비해야 하는데 유방이 붓고 아프며 바로 젖이 나지 않는 것은 바로 기가 뭉쳐서이다.

스트레스로 간기가 뭉치고 토와 목이 서로 엉켜 펼쳐나가지 못하니 젖을 생화할 수 없는 것은 당연한 것이다. 치료는 간목의 기를 펼쳐주면 양명의 기혈이 잘 통하게 되므로 따라서 젖도 잘 분비된다.

통간생유탕

재료 : 백작 5돈(술에 볶는다), 당귀 5돈(술에 씻는다), 백출 5돈(흙에 볶는다), 숙지 3푼, 감초 3푼, 맥문동 5돈(속을 빼버린다), 통초 1돈, 시오 1돈, 원지 1돈

이를 물에 달여 복용한다. 1첩이면 젖을 분비하므로 더 이상 복용할 필요는 없다.

4장 산후관리

1. 산후총론

무릇, 혈기가 쇠약해지고 비위의 기가 허하면 산후에는 더욱 허해지게 된다. 그래서 산후에는 기와 혈을 먼저 크게 보양해주어야 하는데 비록 다른 증상들이 있다고 해도 허함을 보양해주기 전에는 치료하지 않는다.

산후의 질병에는 근심, 놀람, 피로, 권태, 기와 혈이 갑자기 허해지는 등 원인으로 여러 가지 질병이 발생하게 된다. 기가 뭉쳤다고 하여 기를 소통해주는 약만 사용하여 기가 소모되는 일이 없어야 하며 음식이 적체되어 있다고 하여 전문적으로 음식을 내려주는 약만 사용하지는 말아야 한다. 또한 열이 있다고 황금, 황련을 함부로 사용하지 말아야 하며 한기가 있다고 해서 육계, 부자 등을 함부로 사용하지 말아야 한다.

한기가 있으면 혈이 뭉치면서 혈괴가 생기게 되며 열이 있으면 혈이 맹동하면서 큰 출혈이 발생하게 된다. 만약 중초가 허한데다 외부로부터 사기가 침범하면 3양의 표증이 많이 나타나는데 땀을 내야 하지만 산후이므로 《마황탕》으로 땀을 내면 양기를 고갈시키게 된다.

3음의 증후는 이증이 많아 하법으로 치료할 수 있지만 산후이므로 《승기탕》 종류의 약을 쓰면 음혈을 고갈시킨다. 소리를 듣지 못하고

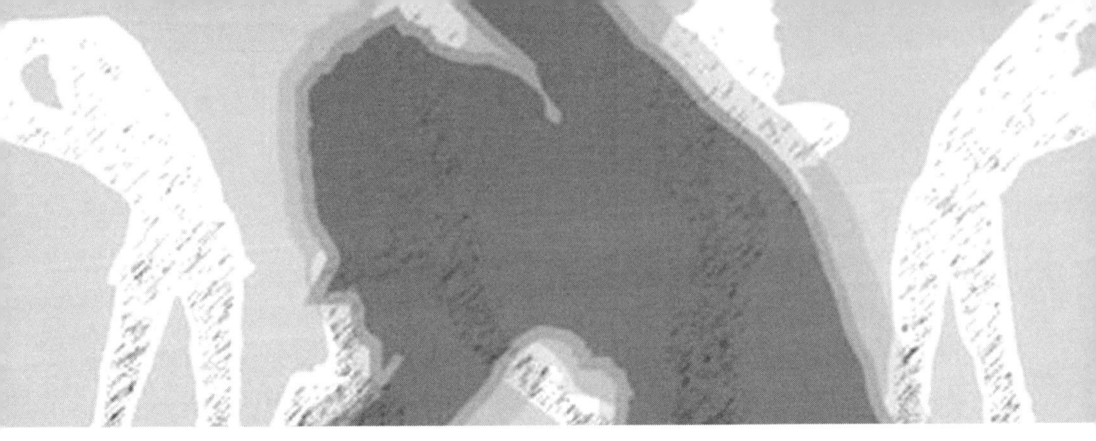

옆구리가 아픈 것은 신기가 허해지고 산후 이슬이 멈춰서 발생된 것이므로 《시호탕》을 사용하지 말아야 한다.

헛소리를 하면서 땀을 흘리면 원기가 약해서인데 사기가 왕성한 증후와 비슷하여도 위장이 실해서가 아니다. 손과 발이 차가워 올라오면 양기가 쇠약해졌기 때문인데 한열을 불문하고 크게 보양해주지 않으면 양기의 허함을 회복시키지 못한다.

경병이 발생되는 것은 음혈이 부족해졌기 때문인데 그것이 강경인지 유경인지를 불문하고 음혈을 자양해주지 않으면 근맥을 이완시켜주고 경맥을 잘 통하게 하여 경련을 멎게 할 수 없다. 잠깐 오한이 나다가 잠깐 열이 나며 일정한 시간 규칙이 없으며 증상은 학질(말라리아)과 비슷하나 학질로 치료하면 오래도록 낫지 못한다.

말을 엇갈리게 하거나 정신을 집중하지 못하면 사기가 있어 그런 것 같지만 사기가 침입한 것으로 인정하고 치료를 시술하면 병은 더 위중해지며 사망을 일으킬 수도 있다. 출혈이 많아 대변이 굳어졌으면 《생화탕》에 육종용을 가미해야지 《윤장승기탕》으로 통하게 해서는 안 된다. 땀을 너무 많이 흘려 소변이 적고 배설이 잘 안 되는 경우라면 《6군자탕》에서 인삼, 황기의 양을 증가하면 진액을 생성하고 잘 풀어주어 소변이 잘 배설된다.

《가삼생화탕》을 자주 복용하면 산후의 위급한 위험을 구할 수 있고 장생활명단을 반복하여 사용한다면 음식을 먹지 못하는 사람도 나을 수 있다.

퇴산이나 탈항 등은 모두 기가 허해져 아래로 함몰되면서 발생되는데 이때는 《보중익기탕》으로 치료한다. 아관이 긴급하고 손에 경련이 생겨 펴지 못하는 것은 혈이 부족하고 건조해지면서 발생된 풍증으로서 《가감생화탕》을 사용해야 한다.

산문으로 풍사가 침입하여 몹시 아프면 《강활영양탕》이 적합하다. 옥문이 한사에 상하였고 밀폐되지 않으면 마아황류산으로 씻는다. 정충과 경계가 생긴 경우는 《생화탕》으로 안정시켜야 한다.

귀신에게 홀린 것처럼 넋이 나가면 안신환에 《귀비탕》을 배합해준다. 기가 뭉쳐 가슴이 답답하고 번거로우면 《생화탕》에 목향을 가미해준다. 음식을 먹으면 신물이 돌고 음식을 싫어하면 《6군자탕》에 신곡, 맥아를 가미해주면 효과가 훌륭하다.

소목, 아출은 어혈을 부서 없애며 청피와 지각은 배와 팽만한 경우를 잘 삭혀 없애지만 이런 약들은 기를 소모하고 어혈을 없애는 약물이며 또 땀을 내거나 토하게 하거나 설사하게 하는 방법들은 모두 정기가 허하지 않고 사기가 실한 경우에만 응용하는 것이므로 임신과 분만에는 응용할 수 없다.

대개 금방 분만한 경우라면 먼저 산후 이슬이 어떤가 알아보아야
하는데 혈괴와 통증이 없어지지 않았으면 인삼, 백출을 급히 사용하
지 말아야 한다. 복통이 멎었으면 의심할 바 없이 《보중익기탕》을 사
용해야 한다.

만약 양기가 절망되면서 땀을 흘리며 기가 허하며 숨이 차면 《가삼
생화탕》을 자주 복용해야 하는데 이것은 경중을 가려서 치료를 시술
하는 것이다. 또 음이 절망되면서 화와 열이 치성해지면 출혈이 많고
혼절하는데 급히 《생화탕》을 원 처방대로 달여서 복용
하여야 한다.

선인들의 말 중에 "부녀의 질병을 치료하려면 보양
해주어야 하지만 급히 치료해야 하고 천천히 치료하는
방법이 있다. 천천히 치료한다는 것은, 목적은 이루되
약물작용이 비교적 완만한 것을 선택하여 사용한다
는 말이며 급히 치료한다는 것은, 약물의 성질과
맛이 짙고 작용이 강한 약물을 사용한다는 것이다."
라고 했다.

그러므로 단계의 방법을 따라서 근본을 튼튼하
게 해주고 태복의 복용방법을 따라서 약물을 빈번
하게 가감하고 복용해야 한다.

2.출산 전후의 치료방법과 금기

(1) 정상 분만

정상 분만은 배가 아프다가도 아프지 않으며 허리와 옆구리가 시큰하고 아프다. 분만 통증이 심하나 양수가 터지지 않았으면 8진탕에 향부자를 가미하여 먹으면 통증이 가라앉는다. 양수가 터진지 며칠이 되고 통증이 아직 심하지 않은 경우에도 위의 약을 복용하고 관찰해 보아야 한다.

(2) 상산

상산(傷産: 분만 전에 손상을 당하였거나 혹은 기타 여러 가지 원인으로 발생하는 난산)은 아직 태아가 출산할 달수에 이르지 않았는데 어느 정도의 손상으로 배와 배꼽부위가 아프거나 혹은 분만을 촉진하는 약물을 너무 일찍 사용하였거나 혹은 산모가 힘을 너무 일찍 쓴 탓으로 태아가 정상적인 위치로 내려오지 못하면서 정상적으로 분만하지 못하는 경우를 말한다.

때문에 달이 차고 분만기에 들어서면 몸가짐은 구속이 없어야 하며 음식을 너무 많이 먹거나 술을 마시지 말아야 한다. 뱃속에 태아가 움직이면서 도는 감이 날 때에는 바로 누워 태아가 순조롭게 돌기를 기다려야 한다. 분만할 때에 힘을 쓰는 것은 분만하기 전에 주의하는 것보다 못하다.

(3) 조산

조산(助産 : 분만할 때 산모를 돌보고 영아를 받는 일)은 아래와 같이 한다. 산모가 분만기에 이르면 산과를 선택하고 분만 준비를 할 때 조용한 상태에서 분만을 준비해야 한다. 산모의 마음은 매우 흥분되어 있다.

이때 끓인 물에 꿀을 한 숟가락 타서 마시게 하거나 또 독활탕을 복용해도 좋은 효과가 있다. 배가 고파하면 푹 달인 죽을 조금 마시게 하여 갈증이나 배고픔을 느끼지 않게 한다. 분만이 순조롭지 못한 경우에는 태반이 아직 나오지 않아서 그렇다고 안심시켜야 한다.

(4) 최생

최생(약물과 기타 방법으로 분만을 촉진하는 일)이란 분만 자세를 너무 일찍 택하여 산모가 피로해지면서 분만이 어려워질 때 8진탕에 향부, 유향을 조금 가미하여 기와 혈을 도와주는 것을 말한다. 양수가 너무 일찍 터져 양수가 말라드는 경우에도 8진탕을 복용할 수 있다.

(5) 동산

　동산(冬産 : 날씨가 춥거나 산실이 너무 추운 상태에서 하는 분만)인 경우는 날씨가 춥기에 혈기가 응결되고 막히면서 분만이 늦어질 수 있다.
　때문에 산모는 옷을 두껍게 입고 산실을 따뜻하게 해주어야 하는데 특히 등과 가슴, 하체를 따뜻하게 해주는 것이 중요하다.

(6) 열산

　열산(熱産 : 날씨가 몹시 무덥거나 산실이 너무 더운 상태에서 하는 분만)은 무더운 계절의 분만이므로 차고 더움을 적당하게 조절해야 한다.
　산실에 사람이 많으면 열기가 훈증하기에 머리가 아프고 얼굴이 붉어지면서 까무러치는 등의 증상이 나타날 수 있으므로 물을 조금씩 마셔 더위나 갈증을 풀어주어야 한다. 그러나 바람과 비, 음침하고 찬 것은 피해야 한다.

(7) 횡산

횡산(橫産 : 분만시 산모가 힘을 주어 태아를 나오게 할 때, 태아가 몸을 절반만 돌리게 되는 경우)인 경우면 산모를 편하게 바로 눕게 하여 태아가 정상적으로 돌게 해주어야 한다.

태아는 임신 기간 내내 뱃속에서 머리는 위로 발은 아래의 위치에 있다가, 출산할 때 머리가 아래로 향하게 된다. 산파는 가운데 손가락으로 태아의 어깨를 받쳐주어 탯줄이 목에 걸리지 않게 해준다. 그런 다음 분만촉진제를 복용시켜 출산에 최대한 도움을 주도록 한다. 당귀, 자소엽 각각 3돈을 흐르는 물에 달여 복용하면 분만한다.

이때 분만을 촉진시키는 질이 좋은 경묵을 연마하여 복용하면 분만을 좀 더 쉽게 할 수 있다. 또한 익모초 6냥을 진하게 달여 어린아이 소변을 큰 잔으로 한잔 타서 복용해도 좋다.

(8) 반장산

반장산이란 분만 시 직장이 먼저 탈출 된 다음 태아가 출산하는 경우를 말한다. 직장이 되돌아가지 못하면 피마자 40알을 다듬어서 머리에 바른다. 장이 회수되면 곧 씻어버려야 한다.

또한 피마자를 40알만 취하여 껍질을 버리고 다듬어서 두정부에 바르는데 직장이 되돌아가면 곧 닦아 버린다. 대장이 건조하면 칼을 간 숫돌물로 습윤하게 해준다. 또 자석을 달인 물을 복용한다.

(9) 난산

난산(難産 : 해산이 순조롭지 못하여 어렵게 아이를 낳음)은 곧 교골(치골 결합부위)이 열리지 않아 분만하지 못하는 경우인데 가미궁귀탕을 복용하면 얼마간의 시간이 지나면 분만한다.

소천궁 1냥, 당귀 1냥, 패구관 1개(술에 볶는다), 여성의 머리카락(아들과 딸을 모두 출산한 여성의 머리카락을 태워서) 한 줌을 물 1종지에 달여 7푼이 되게 하여 복용한다.

(10) 사산

사산(死産)은 태아가 뱃속에서 숨진 경우를 말한다.

산모의 혀가 검푸른 색깔을 띠면 태아가 이미 숨졌음을 알 수 있다. 먼저 평위산을 복용하게 하고 술과 물을 한잔씩 달여 8푼이 되면 망초를 타서 달인 뒤 복용하면 출산한다. 어린이 소변을 복용해도 좋다. 그런 다음 보양제를 먹이도록 한다.

(11) 태반 밀어내기

태반이 나오지 않는 경우는 술을 뜨겁게 한 뒤 실소산 1첩을 타서 복용하거나 혹은 익모환을 복용한다. 혹은 생화탕에 녹각을 태워서 재가 되면 1돈을 가미하여 복용한다.

혹은 산모의 머리카락을 입에 넣어 인후를 자극하여 토하게 하면 태반이 나온다. 기가 허하여 태반을 밀어내지 못하는 경우라면 배가 팽창하는 느낌이 나게 되는데 이때 생화탕(전당귀 1냥, 천궁 3돈, 백출 1돈, 향부자 1돈)만 복용하면 된다.

인삼 3돈을 배합해주면 효과가 더욱 훌륭하다. 물에 달여 복용한다.

또한 피마자 2냥, 웅황 2돈을 함께 고약처럼 연마하여 발바닥의 용천혈에 붙인다. 태반이 나오면 급히 씻어버려야 한다.

평위산

남창출(쌀뜨물에 담갔다가 볶는다), 후박(생강즙에 볶는다), 진피, 자감초, 각각 2돈을 거칠게 가루 내거나 혹은 물에 달이거나 혹은 술에 달이는데 약을 다 달인 뒤 그 약물에 망초를 2돈 타고 한 번 더 달이고 따뜻하게 복용한다.

실소산

오령지, 포황을 함께 보드랍게 가루 내어 매번 3돈씩 데운 술에 복용한다.

(12) 탯줄 끊기

탯줄을 끊는 경우는 면실을 사용해야 좋다. 추운 겨울이거나 혹은 난산일 경우 산모와 아기가 모두 피로해진 상태이다.

이때에는 대마기름을 바른 종이로 천천히 태워 끊음으로서 원기를 북돋는다. 비록 태아가 죽었다고 해도 따뜻한 기운이 배꼽으로 들어가면 소생하는 경우가 많다.

해산달에 몇 첩 복용하면 분만이 쉬워진다.

활태산

당귀 3~5돈, 천궁 5~7돈, 두중 2돈, 산약 2돈, 숙지 3돈, 지각 7푼을 물 2종지에 달여 8푼이 되면 공복에 따뜻하게 복용한다. 기가 허약하면 인삼과 백출을 가미해 수시로 복용한다. 만약 대변이 굳어지고 잘 배설되지 않으면 우슬 2돈을 가미한다.

태아가 가로로 위치했거나 혹은 태아의 머리가 위로 향한 채로 며칠이 지나도록 분만하지 못하는 경우에 복용하면 분만된다. 또 달이 차지도 않았는데 태아가 갑자기 움직이는 경우에 복용해도 안정한다.

그리고 막달에 복용하면 분만을 쉽게 돕는다. 또 태아가 손상을 입었거나 젖이 분비되지 않는 경우에도 복용하면 원래대로 회복된다.

전당귀, 천궁 각각 1돈 5푼, 천패모 1돈(속을 빼버린다), 형개수, 황기 각각 8푼, 후박(생강에 볶는다), 기애, 홍화 각각 7푼, 토사자 1돈 2푼, 강활 6푼(겨에 볶는다), 백작 1돈 2푼(겨울철이면 배합하지 않는다)

위의 13가지에서 12가지만 사용하며 가감하지는 말아야 한다.

태아를 안정시키는 것을 목표로 복용한다면 기애를 버리고 우물 1종지 반에 생강 3편을 뜨겁게 복용한다. 찌꺼기는 물 1종지로 달여 반종지가 되면 뜨겁게 복용한다. 만약 낫지 않으면 다시 물 1종지로 반 종지가 되게 달인 후 복용하면 효과를 보는데 2첩까지 쓸 필요가 없다.

횡산이거나 역산인 경우에 특효이다.

설달 토끼의 뇌수 1개, 모정향 1돈, 유향 1돈(따로 다듬는다), 사향 1푼, 토끼의 뇌수로 앵두만큼 크게 환을 짓고 그늘에 말려 밀봉해 둔다. 복용할 때 따뜻한 술에 1알을 복용한다.

해산달이 되었으나 분만하지 못하고 눈이 위로 올라가고 이빨을 깨물고 입을 벌리지 못하며 거품을 토하면 목숨이 경각에 이른 것이다. 만약 얼굴이 약간 붉은 색을 띠면 태아는 구할 수 없어도 산모는 구할 수 있는데 급히 서둘러야 한다.

탈명단

사퇴, 잡고지(태워서 재가 되게 한다), 머리카락(태워서 재를 만든다), 각각 1돈. 유향 5푼을 함께 가루 내어 술에 타서 복용한다.

산후에 자궁이 회복되지 못하고 산문이 닫히지 못하는 경우를 치료한다.

가미궁귀탕

인삼 2돈, 황기 1돈, 당귀 2돈, 승마 8푼, 천궁 1돈, 자감초 4푼, 오미자 15알을 복용한 뒤 자궁이 회복되지 않으면 반하 8푼, 백작 8푼(술에 볶는다)을 더 배합해준다.

(13) 초산의 치료법

초산의 경우 생화탕을 연속 2첩 복용한다.

만약 임신 전에 몸이 허약한 여성이라면 위태한 증상, 열이 나는 증상, 태아가 처져 내려가는 경우에는 첩수에 구애받지 말고 병이 물러갈 때까지 복용한다. 만약 분만 시 피로가 과도하고 출혈이 많았거나 형체가 수척하다면 인삼 3~4돈을 더 배합하고 자주 복용하면 걱정이 없다. 숨이 가쁜 경우 인삼을 가미한다.

인삼을 생화탕에 가미할 때 혈괴가 막혀있는 경우가 아니라면 인삼은 곧 보양약이 된다. 산전산후의 질병에 당귀를 사용하지 않는 것은, 지황의 성질이 차고 혈의 운행을 장애하며 작약은 맛이 약간 시고 보양해주는 작용이 없으므로 생기를 손상시킬 수 있기 때문이다.

(14) 산후 약물 복용 시 발생하는 10가지 오류

① 기가 풀어지지 못한다고 해서 기를 소모하거나 기가 잘 운행되게 하는 약물을 잘못 사용한다면 오히려 배부른 감이 나고 답답한 증상이 심해진다. 진피를 5푼 가량 사용하고 지실, 후박은 사용하지 말아야 한다.

② 기가 손상되었다고 삭혀주고 이끌어 내려가게 하는 약을 잘못 먹으면 오히려 위기를 손상하여 음식을 먹지 못한다. 지각, 대황, 봉출,

삼릉, 신곡, 후박 등은 사용을 금해야 한다.

③ 열이 나는 경우에 한랭한 약을 잘못 쓴다면 오히려 위를 손상하고 열을 도와줄 수 있다. 황금, 황련, 치자, 황백, 승마, 시호의 사용을 금해야 한다.

④ 산후 하루가 지났는데도 생화탕을 복용하지 않았으면 인삼, 호아기, 백출을 사용하지 않은 것으로 혈괴가 제거되지 않을 수 있으므로 주의한다.

⑤ 지황을 사용하지 않으며 산후 이슬이 막혀 흐르지 못할 수 있다.

⑥ 지각, 우슬, 지실로써 혈괴를 삭혀 없애지 말아야 한다.

⑦ 변비가 생겼다고 해도 대황, 망초를 사용하지 말아야 한다.

⑧ 소목, 삼릉, 봉출로 혈괴를 없애지 말아야 하며 작약은 기를 손상할 수 있기에 쓰지 말아야 한다.

⑨ 산사탕을 단독으로 써서 혈괴를 없애고 통증을 멎게 해서는 안 된다. 자칫 잘못하여 오히려 새로 생성되는 혈을 손상시킬 수도 있다.

⑩ 경솔하게 여러 약물을 복용하거나 과식하여 태아와 태반을 밀어내지 말아야 한다. 산후의 여러 가지 위중한 증후에는 생화탕을 자주 복용해야 하며 증상에 따라 가감할 때에는 반드시 방론을 따라야 한다.

(15) 오한과 발열

무릇 금방 분만한 뒤면 영과 위기가 허해졌기에 쉽게 오한과 발열이 나타나며 몸이 아프고 배가 아픈 등의 증상이 나타나는데 발산하는 약물을 함부로 투여해서는 안 된다. 당연히 생화탕을 위주로 하고 발산하는 약물을 적당히 배합하여야 한다. 산후에 비장이 허해지면 쉽게 음식이 적체되면서 열이 난다.

사람들은 열이 있으니 외감병이라고 오진하고 급급히 땀을 내는데 사망을 초래하는 일이 생긴다. 그래서 생화탕에 비기를 튼튼하게 해주고 음식을 소화하는 약물을 배합하여 치료해야 한다.

대개 산후에는 먼저 혈을 보양하는 것이 첫째이고, 그 다음 기를 보양해주는 것이 그 다음이다. 기를 보양해준다고 하여 인삼, 황기만 전문적으로 사용하면 좋은 결과를 얻을 수 없다.

산후에 허함을 보양해주려면 인삼, 황기, 천궁, 백출, 진피, 자감초를 사용해야 한다. 열이 경하면 맛이 담백하고 습을 삼출해주는 복령을 쓰면 열은 자연히 없어진다. 열이 중하면 건강을 가미한다.

어떤 이들은 열이 몹시 나는데 건강을 사용하는 것에 대해서 의문을 가진다. 그러나 건강을 사용하는 것은 건강이 폐로 들어가서 폐기를 잘 펼쳐지게 해주며 또 간으로 들어가서는 여러 약물을 이끌어 혈을 생성되게 하기 때문이다. 그러나 음혈을 북돋아주는 약물과 함께 사용하여야 한다.

산후의 오한과 발열, 복통은 흔히 어혈이 있기 때문이다. 복통이 없으면 어혈이 아니다.

산후에 오한과 발열이 있고 입과 눈이 비뚤어지는 것은 기와 혈이 몹시 허하기 때문인데 크게 보양해주어야 한다. 맥을 진찰하여 왼쪽의 맥이 부족한 경우면 혈을 보양해주는 약물이 기를 보양해주는 약물보다 더 많아야 하며 오른쪽 맥이 부족한 경우면 기를 보양해주는 약물이 혈을 보양해주는 약물보다 많아야 한다.

(16) 산전에 상한, 역증, 학질 등으로 낙태한 경우

산전에 상한이거나 역증, 학질에 걸려 열이 오래도록 나면 자연스럽게 낙태하게 된다. 낙태한 뒤에는 열이 더욱 심해진다. 왜냐하면 열로 인하여 음혈이 소모되었고 또 낙태로 인하여 혈을 잃었기 때문이다. 잘 낫지 않는다고 하여 함부로 치자지탕, 시호, 황금, 황련, 황백 등의 약을 잘못 투여하는 일이 있어서는 안 된다.

비록 일정한 시간이 되면 열이 나다가 오한이 나며 소변이 잘 배설되지 않지만 그렇다고 해서 오령산을 쓰거나 대변을 보지 못한다고 해도 승기탕 같은 약을 절대 써서는 안 된다. 산후임을 중하게 여기고 사기를 경하게 보면서 기와 혈을 크게 보양해주며 생화탕을 자주 복용해야 한다.

만약 형태가 수척해지고 기가 허탈 되면 생화탕에 생맥산은 맛이 맵고 풀어주는 작용이 있으며 건강은 음허로 생긴 화와 열을 없애주는 작용이 있다. 비록 변비가 있고 갈증 등의 증상이 있다고 해도 생화탕을 많이 복용하면 진액이 생성되면서 대변과 소변은 자연히 배설된다.

만약 열이 있다고 한랭한 방제를 쓴다면 중초(中焦)의 기(氣)를 더 허하게 하는데 이는 큰 잘못이다.

3.산후 각종 증후의 치료방법

(1) 혈괴

산후의 여러 가지 증후를 치료하는데 있어서 고대의 처방에 너무 의존하지 말아야 하며 소목, 봉출, 삼릉과 같은 약들은 사용을 금하여 환자의 생명을 위협하는 일이 없도록 해야 한다.

또한 일응산혈방, 어혈을 없애주는 약물도 금해야 한다. 산사의 성질이 비록 완만하다고 하여도 산후면 생명을 위협할 수 있으므로 함부로 사용해서는 안 된다. 오직 생화탕만이 산후 혈괴를 없애는 으뜸약이다.

외부 치료로는 옷을 뜨겁게 하여 혈괴로 아픈 부위를 따뜻하게 해준다. 비록 무더운 여름철이라고 해도 혈괴로 아픈 부위를 따뜻하게 해주어야 한다. 기가 운행되지 못하면서 어지럽고 혼절하는 경우가 있는데 이것을 어혈이 심(心)을 건드리기 때문이라고 함부로 판단해서는 안 된다.

이런 경우에도 생화탕을 복용하면 좋은 효과를 볼 수 있다.

민간에서 생지, 우슬, 산사, 봉출은 어혈을 없애고 또 산사와 설탕은 혈괴를 삭혀주며 기애와 촉주는 통증을 제거한다고 하지만 역시 함부로 사용해서는 안 되는 것들이다. 산후 2~4일 이내에 통증이 경감되고 주물러 줄 수 있으면 허증으로 인한 통증이므로 가삼생화탕을 사용할 수 있다.

만약 산후 7일이 안 되었는데 한랭한 음식을 먹음으로서 혈괴가 엉키고 통증이 심해지면 생화탕에 육계 8푼을 가미한다.

혈괴가 없어지지 않았으면 인삼과 황기는 배합하지 않는다. 만약 배합한다면 통증이 멎지 않을 수 있다.

종합하여 말하면 작용이 강한 약물은 삼가야 하며 생강이나 전초, 애엽을 담근 술을 많이 마시지 말고 생화탕을 자주 복용함으로써 기와 혈이 잘 운행되게 해주며 겉으로는 옷을 뜨겁게 하여 배를 따뜻하게 찜질해 주어야 한다. 만약 홍화로 혈을 운행되게 하고 소목, 우슬로써 어혈을 없애려 한다면 태기가 상하게 된다.

배가 팽만해지면 오약이나 향부자로 기를 잘 운행되게 해주고 지각, 후박 등으로 기를 풀어주며 심한 경우면 청피, 지실, 소자로 기를 아래로 내려가게 하고 숨이 찬 증상을 멎게 하며 황금, 황련, 치자, 황백으로 열을 없애고 번거로움을 제거한다.

혈이 심하게 엉킨 것을 반대로 승기탕으로 밀어낸다면 혈은 더욱 더 엉키게 된다. 땀을 많이 흘리면서 소변의 양이 적고 배설이 잘 안 되는 것은 오히려 오령산으로 소변을 잘 통하게 해주면 소변은 더 배설되지 못한다. 이런 치료방법은 아무런 도움이 되지 않을뿐더러 오히려 해가 된다는 것을 명심해야 한다.

무릇 태아가 태어난 뒤 혈이 멈춰 흐르지 못하거나 혹은 반달이 지났는데도 여전히 아프거나 혹은 외음부가 3cm 가량 정도 붓고 독을 쓰거나 혹은 열이 나고 음식 섭취량이 줄어들고 권태감이 나면 반드시 생화탕에 삼릉, 봉출, 육계를 가미하여 보법과 공법을 배합한다면 혈괴는 자연히 없어진다.

만약 몹시 허하여 음식을 많이 먹지 못하고 설사를 하면 생화탕만 복용해도 통증을 멎게 하고 비위의 기를 튼튼하게 해주어 음식을 먹을 수 있고 설사를 멎게 할 수 있다. 그런 다음 혈괴를 없애는 탕약을 사용한다.

가미생화탕

혈괴가 오래도록 없어지지 않는 경우를 치료하는데 산후 반달이 지나야 사용할 수 있다.
천궁 1돈, 당귀 3돈, 건강 4푼, 도인 15알, 삼릉(식초에 볶는다) 6푼, 육계 6푼, 자감초 4푼

(2) 혈훈

분만한 뒤 눈앞이 깜깜하고 머리가 어지럽고 심지어 인사불성이 되는 원인 중 하나는 과도한 피로로 기가 이탈되면서 정신이 혼미해지는 것이고, 다른 하나는 혈을 많이 잃으면서 기도 잇달아 절망되기 때문이며 또 다른 하나는 담화가 허한 틈을 타서 위로 올라가면서 교란하므로 신명이 심으로 들어오지 못하기 때문이다.

급히 생화탕 2~3첩을 복용하며 부추를 잘게 썰어 병에 넣고 식초 2잔을 넣고 끓여 병에 부은 뒤 재빨리 산모의 코에 대어 냄새를 맡게 하면 깨어난다. 만약 고대의 방법만 믿고 어혈이 심을 건드리기 때문이라고 단정하고 함부로 어혈을 풀어주는 방제를 사용하거나, 담과 화로 인한 것으로 단정하고 보양을 결합하지 않고 단순히 열과 화를 없애고 밀어낸다면 이는 화를 부를 수도 있다.

만약 까무러치고 이빨을 깨물고 입을 벌리지 못하면 급히 생화탕을 달이고 또 환자의 입을 벌려 거위털로 후두를 더듬으면서 술잔에 약물을 담아 조금씩 부어넣어야 한다.

약물이 들어가면 점차 배가 따뜻해지는데 약물의 첩 수에 구애받지 말고 복용해야 하며 겉으로는 손을 뜨겁게 하여 단벌옷을 입은 그대로 명치끝에서 배까지 주물러 주고 눌러주며 또 화나 열기로 한두 시간 배를 따뜻하게 해준다.

생화탕 4첩을 모두 복용시키면 정신을 차린다. 그런 다음 약을 조금씩 천천히 복용하게 한 다음 죽을 마시게 한다. 10첩까지 복용하고 나면 병이 완치된다. 이때 급히 약물을 부어 넣고 따뜻하게 해주는 것이 중요하며 하지 구급을 포기하지 말아야 한다.

만약 겨울철이라면 임산부의 몸이 따뜻하지 못해도 큰 위해가 될 수 있다. 분만기에 이르면 생화탕을 미리 달여 두고 또 저울추나 돌멩이 같은 것을 뜨겁게 하여 준비해 놓는다.

태아가 출산되면 생화탕을 연속으로 2~3첩 복용하게 한다. 또 출산부의 침대 주변에 부추를 넣은 식초병을 놓아두면 어지러워 하는 증후가 나타나지 않는다. 또한 산모를 등한시하거나 스트레스를 주어 혈훈증을 유발해서도 안 될 것이다.

가미생화탕

당귀 3~5돈, 천궁 5~7돈, 두중 2돈, 산약 2돈, 숙지 3돈, 지각 7푼을 물 2종지에 달여 8푼이 되면 공복에 따뜻하게 복용한다. 기가 허약하면 인삼과 백출을 가미해 수시로 복용한다. 만약 대변이 굳어지고 잘 배설되지 않으면 우슬 2돈을 가미한다.

산후의 세 가지 혈훈을 치료한다.

과도한 피로와 권태로 혈훈증이 발생하거나 혹은 출혈이 심하여 기가 이탈되면서 혈훈증이 발생되는 경우에는 급히 2첩을 복용하는데 조금씩 입에 부어 넣어 넘기게 한다.

형체가 수척해지면서 몰골이 초췌해지고 혈훈이 발생하였거나 땀을 흘리면서 혈훈이 발생되었으면 급히 1첩을 복용하게 하며, 이때 인삼 3~4돈을 가미한다.(일방에서는 육계 4푼을 가미한다고 한다)

인삼이 보양하는 약이라고 천천히 복용하는 일은 없어야 하며 담과 화가 허한 틈을 타서 위로 올라가면서 혈훈증이 발생되었으면 귤홍을 4푼 가미한다. 몹시 허하면 인삼 2돈을 가미하며, 비만한 사람은 담이 많으므로 죽력 7푼, 생강즙을 조금 가미한다.

절대로 삼릉이나 봉출 등 어혈을 부수는 방제는 사용하지 말아야 한다.

혈괴로 통증이 심하면 익모환을 함께 복용하거나 혹은 녹각회나 원호산, 혹은 동승산, 혹은 위에서 혈괴를 없애는 처방을 함께 복용하면 효과를 볼 수 있다. 다른 처방을 바꿀 필요는 없으며 경중에 따라서 치료해야 한다.

산후 형체가 수척해지고 몰골이 초췌하면서 혈훈이 발생된 경우나 땀을 많이 흘리면서 혈훈이 발생된 경우를 치료한다.

가삼생화탕

인삼 3돈(5돈까지 가미 가능), 천궁 2돈, 당귀 5돈, 자감초 4푼, 도인 10알, 포건강 4푼을 대추 달인 물에 달여 복용한다.

맥이 나타나지 않고 형체가 수척하여 바야흐로 절망되는 경우면 반드시 이 처방을 복용해야 한다. 인삼 4~5돈을 배합하고 조금씩 자주 입에 부어 넣어 넘기게 한다.

산후에는 혈붕, 혈훈증과 땀을 흘리는 증후가 많이 발생되는데 이 처방이 적합하다. 땀을 흘리지 않고 형체도 수척하지 않으면 이 처방만 복용하고 인삼을 배합할 필요가 없다. 왼쪽의 맥이 나타나지 않으면 인삼을 배합할 필요가 없다. 이 처방은 산후의 여러 가지 증후에 모두 적용이 되는데 하루 낮과 밤 사이에 반드시 3~4첩을 복용해야 한다.

산후 1~2일이 되었고 혈괴로 인한 통증이 비록 멎지 않았으나 산모의 기와 혈이 이탈되었고 혹은 혈훈증이거나 궐증, 혹은 땀을 많이 흘리거나 혹은 수척하고 몰골이 초췌하며 입김이 점차 차갑고 갈증이 멎지 않으며 혹은 숨이 몹시 차면 혈괴와 통증에 관계없이 경중을 가려보면서 가삼생화탕을 써야 한다. 병세가 좀 완화되었으면 인삼을 버리고 생화탕을 복용해야 한다.

※가감법 : 혈괴로 통증이 심하면 육계 7푼을 가미한다. 갈증이 있으면 맥문동 1돈, 오미자 10알을 가미한다. 땀을 많이 흘리면 마황근 1돈을 가미하는데, 혈괴와 통증이 없다면 황기 1돈을 가미하여 땀을 멎게 한다. 밥이나 면식에 위를 상하였으면 신곡(볶은 것) 1돈, 맥아(볶은 것) 5푼을 더 배합한다. 고기에 체했으면 산사 5개, 사인 4돈(볶는다)을 더 배합한다.

(3) 궐증

산모가 분만할 때 힘을 너무 사용했거나 피로와 권태로 비기를 손상한 탓으로 손과 발이 차갑고 기가 가슴으로 거슬리면서 가슴이 답답하고 맥이 나타나지 않고 형체가 수척하다면 특히 보양에 신경써야 한다.

천궁, 당귀 1돈으로 하여 쓴다면 양기를 회복할 수 없다. 반드시 가삼생화탕에 인삼의 양을 배로 증가하고 2첩을 복용시켜야 한다.

이러면 기와 혈이 왕성해지면서 신기가 자연히 생성되고 궐증도 멎는다. 만약 약을 복용한 뒤에 오히려 갈증이 난다고 하면 생맥산을 따로 복용하거나 독삼탕을 차(茶)처럼 복용하면 장부의 건조함을 습윤하게 할 수 있다.

만약 사지가 차가워지고 설사하면 상한병의 소음 증후인데 상역탕을 쓰기 어렵다면 반드시 인삼의 용량을 배로 증가한 생화탕에 부자 1편을 더 배합하면 양기를 회복시키고 궐역을 치료할 수 있다. 또한 부자는 인삼과 당귀의 작용을 더욱 잘 발휘하게 해준다.

산후에 궐역이 발생된 경우를 치료하는데 혈괴와 통증이 멎지 않았으면 황기, 백출을 배합하지 말아야 한다.

가삼생화탕

천궁 2돈, 당귀 4돈, 자감초 5푼, 포건강 4푼(건강탄이라고도 함), 도인 10알(껍질과 끝을 버리고 다듬는다), 인삼 2돈, 대추 1매를 물에 달여 2번에 복용한다.

산후의 궐역을 치료하는데 물어보아 혈괴와 통증이 없어졌으면 이 처방을 복용할 수 있다.

자영익기복신탕

인삼 3돈, 황기 1돈(꿀에 볶는다), 진피 4푼, 오미자 10알, 천궁 1돈, 숙지 1돈, 맥아 1돈, 대추 1매를 물에 달여 복용한다.

손과 발이 차면 부자 5푼을 가미한다. 땀을 많이 흘리면 마황근 1돈, 숙조인 1돈을 가미한다. 헛소리를 하고 물체가 이상하게 보인다면 익지인, 백작인, 용안육을 가미한다. 대변이 굳으면 육종용 2돈을 가미한다.

대개 산후의 혈훈과 궐증은 증상이 비슷하다.

그러나 혈훈은 분만이 시작될 때 발생하며 증후가 궐증보다 더 급하므로 생화탕을 여러첩 자주 복용해야 하며 혈괴가 없어지고 혈이 왕성해지면 정신이 맑아지면서 혈훈증이 없어진다. 숨이 가쁘고 형체가 수척하면 반드시 인삼과 황기를 배합해야 한다.

궐증은 분만한 뒤에 발생되는데 인삼을 배로 증가한 생화탕으로 궐역을 구원하고 정신을 차리게 해주며 아울러 기와 혈을 보양해 주어야 한다.

기와 혈을 보양해 주는데만 치우친다면 완치될 수 없다. 혈훈에서 혈괴와 통증이 있을 때에는 황기와 백출을 가미해서는 안 됨을 알아두어야 한다. 궐증에서는 혈괴와 통증이 없으면 황기, 백출, 숙지황을 함께 쓸 수 있음은 의심할 바 없는 일이다.

(4) 혈붕

산후에 출혈이 심하면 그 혈색이 붉은지 자주색인지 그리고 형체와 얼굴의 색깔을 살펴보아야 허실을 분별할 수 있다. 혈색이 자주색이고 혈괴(핏덩어리)가 있으면 어혈을 없애주어야 한다. 혈괴가 멈추었으면 통증이 발생되는데 이런 경우는 혈붕으로 치료할 수 없다.

만약 혈색이 붉고도 선명하면 그것은 놀라면서 심을 손상하였기에 혈을 생성하지 못하고, 노하여 간을 손상하였기에 혈을 생성하지 못하고, 노하여 간을 손상하였기에 간이 혈을 저장하지 못하며, 피로가 과도해 비장을 손상하여 비장이 혈을 통솔하지 못하기 때문이다.

위의 경우들은 모두 혈이 혈맥에서 정상적으로 운행하지 못하므로 혈붕으로 치료해야 한다.

먼저 생화탕을 몇 첩 복용하여 혈을 운행시킴과 아울러 혈을 보양해주어야 한다. 만약 형체가 수척하고 땀이 많이 나고 숨이 가쁘면 인삼의 양을 증가한 생화탕을 몇 첩 더 복용시켜 기를 북돋아주어야 하는바 종려탄과 같은 약으로는 혈이 멎지 않는다.

만약 산후 반달이 지났는데 출혈한다면 승거대보탕으로 치료해야 한다. 이 증후는 몹시 허하기 때문이므로 약물 복용도 평온해야 하며 효과도 빨리 나타나지 않는데 20여첩을 쓴 뒤라야 모든 증상이 말끔히 사라진다.

산후의 혈붕에는 생혈지붕탕을 쓴다.

생혈지붕탕

천궁 1돈, 당귀 4돈, 건강탄 4푼, 자감초 5푼, 도인 10알, 형개 5푼(검게 볶는다), 오매 5푼, 포황 5푼(볶는다)을 대추 달인 물에 달여서 복용한다. 생강, 후추, 따가운 음식, 찬 것을 가려야 한다.

출혈이 많고 색깔이 새빨가면 형개수 4푼(검게 볶는다), 백지 각각 5푼을 가미하고 혈이 고갈되면서 몰골이 수척해지면 인삼 3~4돈을 더 배합한다. 땀을 많이 흘리고 숨이 가빠도 인삼 3~4돈을 더 배합한다.

땀이 나지 않고 몰골이 수척하지 않거나 숨도 가쁘지 않았으면 생화탕만 복용하는데 많이 복용하면 혈은 자연히 멎는다.

어떤 사람들은 당귀와 천궁은 혈의 운행을 활약하는 작용만 있다고 말하는데 이런 말은 크게 틀린 말이다.

영혈을 자양해주고 기를 북돋아준다. 만약 혈괴가 있고 움직이는 경우면 앞의 처방만 복용하고 황기와 백출을 사용하지 말아야 한다.

숭거대보탕

황기, 백출, 진피, 각각 4푼, 인삼 2돈, 자감초, 승마 각각 4푼, 당귀, 숙지 각각 2돈, 맥문동 1돈, 천궁 1돈, 백지 4푼, 당귀, 숙지 각각 2돈, 맥문동 1돈, 천궁 1돈, 백지 4푼, 황련 3푼(볶는다), 형개수 4푼(검게 볶는다)을 물에 달여 복용한다.

땀을 많이 흘리면 마황근 1돈, 부소맥(볶아서) 작은 줌으로 한줌 더 배합한다. 대변이 통하지 않으면 육종용 1돈을 가미해주고 대황은 금해야 한다. 기가 막혀 잘 통하지 않으면 목향(갈아서) 3푼을 가미한다. 담이 있는 경우는 패모 6푼 죽력과 생강즙을 조금 가미한다.

한기로 기침이 나면 행인 10알, 길경 5푼, 지모 1돈을 가미한다. 상한 음식으로 탈이 난 경우는 신곡, 맥아 각각 1돈을 가미한다.

상한 고기를 먹은 경우는 산사, 사인 각각 1돈을 가미한다. 모든 경우에 대추를 가미하고 물에 달여 복용한다.

신열이 나도 황련, 황백을 가미해서는 안 된다. 음식으로 탈이 났거나 노(怒)한다고 하여 기를 흩어지게 하는 약물만 사용하고 보양해주는 약을 배합하지 않으면 안 된다. 무릇 연로하거나 허한 환자가 붕루에 걸린 경우는 모두 승거대보탕을 사용할 수 있다.

(5) 천식으로 숨이 가쁜 경우

혈이 이탈되거나 과도하게 피로하면 기가 의탁을 잃으면서 정상적인 호흡기능을 유지하지 못하는데 어떤 이들은 담과 화가 있어서 그런 증상이 나타난다고 생각하고 기를 흩어지게 하고 담과 화를 없애는 방법으로 치료하는데 이러면 환자의 생명을 더욱 위협하게 된다.

만약 혈괴가 있다면 인삼, 황기, 백출을 사용하지 말아야 한다.

혈괴가 없는 경우라면 생화탕)을 쓸 수 있는데 이때 도인을 버리고 숙지와 부자 1편을 가미한다. 발이 차면 숙부자 1돈, 인삼, 백출, 진피를 가미하여 복용한 다음 계속해서 보기영양탕을 사용한다.

분만 뒤 숨이 가쁜 경우를 치료한다. 만약 혈괴가 있으면 황기, 백출을 가미하지 말아야 한다.

가삼생화탕

천궁 2돈, 당귀 4돈, 자감초 5푼, 건강탄 4푼, 도인 10알(껍질과 끝을 버린다), 인삼 2돈에 대추 1매를 가미하여 연속 2~3첩을 복용한 다음 아래의 처방을 복용한다.

산후에 숨이 가쁘고 빠른 경우를 치료한다. 혈괴가 없고 아프지 않으면 이 처방을 복용할 수 있다.

보기영양탕

황기 1돈, 백출 1돈, 당귀 4돈, 인삼 3돈, 진피 4푼, 자감초 4푼, 숙지 2돈, 천궁 2돈, 건강탄 4푼을 물여 달여 복용한다.

손과 발이 차면 숙부자 1돈을 더 배합한다. 땀을 많이 흘리면 마황근 1돈, 부소맥 (작은 줌으로) 한 줌을 더 배합한다. 갈증이 나면 맥문동 1돈, 오미자 10알을 더 가미한다.

대변이 통하지 않으면 육종용 1돈, 화마인 1줌을 더 가미한다. 면류나 밥을 먹고 탈이 난 경우는 신곡(볶은 것) 1돈, 맥아 1돈(볶은 것)을 가미한다. 상한 고기를 먹고 탈이 났으면 산사, 사인 각각 5푼을 가미한다.

평언 : 맥아는 젖을 되돌려 마르게 하므로 복용을 삼가야 한다. 황기, 백출은 각각 2돈이다. 무릇 땀을 멎게 하려면 부소맥을 볶아 쓰는 것이 좋다.

(6) 망언과 망령 난 행동을 하는 경우

망언과 망령된 행동을 하는 것은 기와 혈이 허해져 신명과 혼백이 의탁을 잃었기 때문이다. 혈괴와 통증의 유무와 병세의 완급을 가려서 치료를 해야 한다. 만약 혈괴와 통증이 없어지지 않았으면 먼저 생화탕을 2~3첩 복용하고 통증이 멎었으면 계속해서 가삼생화탕을 복용하거나 보중익기탕에 안신정지환을 복용한다.

만약 분만한지 오래되어 형체와 기가 모두 부족해졌다면 기와 혈을 크게 보양하고 신명과 마음을 안정시켜야 한다. 약의 작용이 충족해질 때까지 복용하면 병은 자연히 낫는다.

이 증후는 보통 약을 10첩까지 복용하였을 때 효과가 나타난다. 병세는 허하고 또 사기가 침입한 것 같으면 먼저 허함을 보양하고 기를 조리해주어야 하는데 여러 가지 증후도 이런 논증에 따라 치료해야 한다. 이렇기에 옛사람들은 산후의 허증이거나 연로하고 허하여 숨이 차며 허약한 사람이 망언하고 망령된 행동을 치료할 때에는 조심해야 한다고 하였다.

산후에 혈괴와 통증이 없어지지 않았고 망언하거나 망령된 행동을 하는 경우를 황기와 백출은 사용하지 않는다.

안신생화탕

천궁 1돈, 백자인 1돈, 인삼 1~2돈, 당귀 2~3돈, 복신 2돈, 건도인 12알, 건강탄 4푼, 자감초 4푼, 익지인 8푼(볶는다), 진피 3푼, 대추 1매를 물에 달여 복용한다.

혈괴와 통증이 없으며 망언하고 망령된 행동을 할 때 이 처방을 복용하면 완치된다.

산후의 혈붕, 혈탈, 기천, 기탈, 정신허탈로 망언하는 경우는 비록 음양 기혈을 가려야 하지만 정기가 흩어지고 신명이 떠나는 병리적인 요인만은 다 같은 것이다.

이 증후는 현훈증에 비하면 좀 완만하다고 하지만 역시 위증한 증후이다. 만약 약물의 수량을 많게 하지 않고 또 약을 자주 복용하지 않는다면 목숨을 잃는 경우가 많다. 본 증후를 기가 실하고 담화로 인해 발생된다는 논리로 설명하면 맞지 않는다.

산후에 혈괴와 통증이 있으면 가삼생화탕을 복용하는데 기와 혈을 운행시켜주는 것과 아울러 보양해주면 혈이 막히고 멈추면서 혈훈증이 발생하는 것을 피할 수 있다.

혈괴와 통증이 멎었으면 혈의 이탈을 막을 수 있고 혈이 안정되고 혈맥을 따라 운행될 수 있다. 또 자영익기복신탕에 부자를 조금 배합하면 인삼을 도와 기의 허탈을 막을 수 있는데 기를 틀어쥐고 정상적으로 운행되게 해준다. 또 자영익기복신탕에 담을 없애는 약물을 적당하게 배합하여 심화를 없애고 심을 안정시킬 수 있다.

(7) 음식으로 탈이 난 경우

금방 출산한 뒤에는 너무 기름진 음식이나 맛과 향이 강한 음식을 먹지 말아야 한다. 음식을 조절하지 않으면 비위를 손상시킨다. 이때는 원기를 부축해주고 기와 혈을 따뜻하게 해주고 보양해주면서 비위를 튼튼하게 해 줘야 한다.

어떤 음식에 탈이 났는가를 상세하게 밝히고 그것을 삭혀 없애는 약물을 배합하여야 한다. 생화탕에 신곡, 맥아를 배합하면 밀가루 음식과 밥으로 탈이 난 경우를 치료하며, 산사와 사인을 가미하면 육식으로 탈이 난 경우를 치료한다. 한랭한 음식에 탈이 났다면 오수육, 육계를 가미한다.

이때 산모가 몹시 허하면 인삼과 백출을 배합하는데 혈괴가 남아있다면 보양과 아울러 삭혀줌을 결합하면 완치된다. 여러 차례의 치료를 거쳤어 도 병이 낫지 않는 것은 산후에 허약함을 중시하지 않고 삭혀 없애는 방법 밖에 쓸 줄 몰랐기 때문에 오히려 진기를 손상하여 속이 그득하고 답답한 증상이 더욱 심해졌기 때문이다.

혈괴가 없어지지 않았으면 이 처방으로 적체된 음식을 삭혀 없앤다.

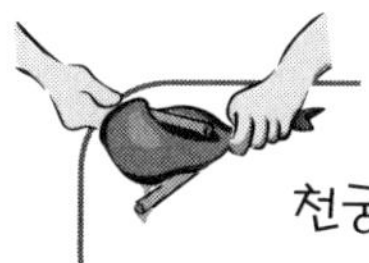
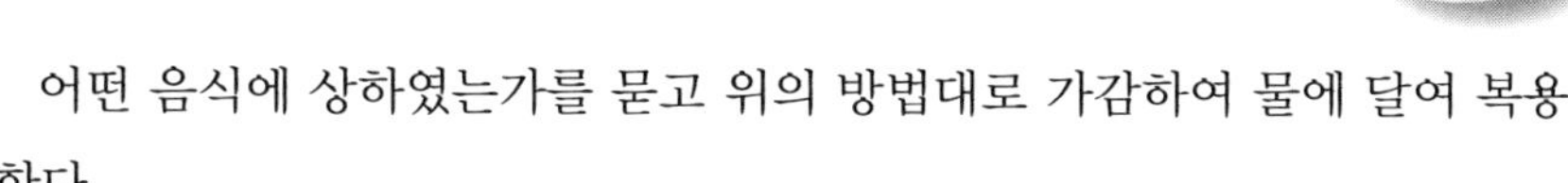

어떤 음식에 상하였는가를 묻고 위의 방법대로 가감하여 물에 달여 복용 한다.

혈괴가 이미 없어졌으면 이 처방을 복용한다.

건비소식생화탕

도인 10알, 천궁 1돈, 인삼, 당귀, 각각 2돈, 백출 1돈 반, 자감초 5푼

어떤 음식에 손상되었는가를 가려서 위의 방법처럼 가감한다. 만약 한랭한 음식이 속에 오래도록 적체되었고 비위가 허약하면 약을 받아내지 못할 우려가 있다. 이때는 환자의 배를 주무르고 눌러주며 또 신곡을 볶아 찜질해주면 효과가 더욱 묘하다.

무릇 음식으로 인해 탈이 난 경우 음식을 삭혀 없애는 약물을 잘못 써서 죽물도 마시지 못한지 며칠이 되어도 이 처방을 복용할 수 있다.

장생활명단

인삼 3돈을 물 한 종지 반으로 반종지가 되게 달인다. 한번 달인것을 그대로 사용하며 누룽지 가루 3숟가락을 점차적으로 타준다.

누룽지 가루는 위기(胃氣)를 이끌어 내려가게 하고 입맛을 돋우는 작용이 있다. 삼탕을 달이는 그릇은 새것이나 혹은 국자를 써야 하는데 이는 약 냄새를 맡으면 구역질이 날까 우려되기 때문이다.

찬 약을 복용하여 위가 상한 경우라면 생강 3편(큰 것으로)을 달인 물을 더 배합한다. 인삼은 '활명초' 라고 하며, 누룽지는 '활명단' 이라고 한다.

(8) 화를 내는 경우

산후에 성을 내면 기가 거슬리면서 흉격의 기가 불리해지고 또 혈괴로 통증이 발생되는 경우 생화탕에서 도인을 버리고 목향(연마한 것)을 2푼 가미하여 복용하면 혈괴가 없어지고 노여움도 풀리게 된다.

만약 뭉친 기(氣)만을 중시하면서 목향, 오약, 지각, 사인 등 약물의 사용에만 치우친다면 원기를 손상하여 오히려 가슴이 답답함이 심해진다. 또 노한 뒤에 음식을 금방 먹으면 위가 허약하기에 음식이 속에 적체되면서 배가 답답해진다.

당연히 어떤 음식을 먹었는가를 알아보고 앞의 방법처럼 가감하고 치료해야 한다. 목향빈랑환, 유기인자방 같은 처방을 쓴다면 더욱 허약해지므로 쓰지 말아야 한다.

산후에 혈괴가 이미 없어졌고 기분을 상한 경우를 치료한다.

약을 복용할 때 목향 2푼(가루)을 배합한다.

이 처방은 생화탕에서 도인을 버리고 목향과 진피를 배합하였다. 앞에서 건강을 감한 것이 있는데 자세히 알아보아야 한다.

기분을 상하였고 음식으로 탈이 났지만 혈괴와 통증이 없는 경우를 치료한다.

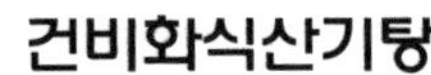

건비화식산기탕

백출 2돈, 당귀 2돈, 천궁 1돈, 건강탄 4푼, 인삼 2돈, 진피 3돈

대개 산후에 분노하여 기가 거슬리거나 음식이 속에 적체되는 두 개의 증후를 잘 치료하려면 우선 산후임을 첫 자리에 놓고 성을 냄과 소화불량을 그 다음으로 보는 것이 좋다. 먼저 기와 혈을 보양해주며 간기를 조절하여 잘 소통되게 하는 약물을 적당하게 배합해주면 노기가 흩어지고 원기도 손상 받지 않는다.

음식이 적체된 경우면 비기를 튼튼하게 해주고 적체된 음식을 삭혀주면 적체되었던 음식이 소화되어 내려간다. 만약 기를 조리하고 음식을 삭히는 방법만 쓴다면 아무런 도움이 없을 뿐만 아니라 해를 입게 된다.

평언 : 진피를 3푼, 자감초를 4푼이라고 하는 경우도 있어 참고로 제공한다.

(9) 학질과 비슷한 증후

산후에 오한이 나다가 열이 나며 매일 일정한 시간이 되어 발작하는 증후를 말한다. 이는 학질과 비슷하지만 학질을 치료하는 방법을 쓰면 안 된다. 기와 혈이 허하여 오한과 열이 교체되면서 나타나고 원기가 허하기에 사기가 외부로부터 침입하여 오한과 열이 심하게 나며 혹은 낮이면 경하다가도 저녁이면 중해지는 증상은 학질과 매우 비슷한 증후이다.

치료는 영기를 자양해주고 기를 북돋아주며 한열을 없앤다. 땀이 난다면 급히 멎게 해야하는데 마황근 등의 약물을 배합한다.

머리에만 땀이 나고 발에는 땀이 나지 않으면 양기가 홀로 남아있고, 음기는 점차 소멸되려는 위급한 증후로서 지황, 당귀 등을 가미해야 한다.

양명병처럼 오한은 없으나 머리가 아프고 땀이 나지 않으면 생화탕을 쓸 수 있는데 강활, 방풍, 총백(뿌리가 달린 것) 몇 뿌리를 가미해주어 열을 풀어주어야 한다. 이때 시호청간음과 같은 처방과 상산, 초과 등의 약물을 사용하지 말아야 한다.

산후에 오한이 나고 열이 나며 땀을 흘리며 오후에 때를 맞춰 발작하는 경우를 치료한다.

자영양기부정탕

인삼 2돈, 자황기, 백출, 천궁, 숙지, 맥문동, 마황근 각각 1돈, 당귀 3돈, 진피 4푼, 자감초 5푼에 대추를 넣고 물에 달여 복용한다.

산후에 오한의 발열이 엇갈리면서 나타나고 머리가 아프고 땀이 나지 않으며 학질과 비슷한 경우를 치료한다.

가감양위탕

자감초 4푼, 백복령 1돈, 반하 8푼(포제 한다), 천궁 1돈, 진피 4푼, 당귀 2돈, 창출 1돈, 곽향 4푼, 인삼 1돈에 생강을 넣고 달여서 복용한다.

담이 있으면 죽력, 생강즙, 반하, 신곡을 더 배합한다. 허약한 사람은 하차환을 배합하여 복용한다. 무릇 학질이 오래 되어도 낫지 않는 경우는 이 처방에 삼출고를 배합하여 약물의 작용을 돕는다.

삼출고

백출 1근(쌀뜨물에 하룻밤 담근 뒤 잘게 썰어 불에 쪼여 말린다), 인삼 1냥 물 6사발로 2사발이 되게 달인다. 재차 두 번 달여 세 번에 달인 6사발 약물을 합쳐 1사발이 되게 또 달이고 빈속에 죽물에다 반 술잔씩 타서 복용한다.

(10) 상한의 태양증, 소양증과 비슷한 증후

산후 7일 이내에 열이 나고 머리가 아프며 오한이 나도 한사로 인한 태양병으로 생각하지 말아야 한다. 또한 열이 나고 머리가 아프며 옆구리가 아퍼도 한사로 인한 소양증으로만 생각하지 말아야 한다.

이 두 증상은 모두 기와 혈이 허하고 음양이 조화되지 못했기에 외감병과 비슷하게 나타난다. 치료 중 산후의 열증임에 중시를 돌리지 않고 태양증과 비슷하다고 마황탕으로 치료한다거나 소양증과 비슷하다고 소시호탕으로 치료해서는 안 된다. 또 산모가 혈을 잃은 뒤인데도 땀을 낸다면 땀을 많이 흘리면서 허한 것을 더 허하게 하므로 화를 입게 된다.

산후 3일 이내에 열이 나고 머리가 아픈 경우를 치료한다.

가미생화탕

천궁, 방풍 각각 1돈, 방풍 1돈, 당귀 3돈, 자감초 4푼, 도인 10알, 강활 4푼

평언 : 일반 책에서는 도인이 없고 건강탄 4푼으로 명시된 것이 많다. 혈괴와 통증이 없어야 도인을 버릴 수 있다. 2첩을 복용하였는데도 머리가 아프고 열이 나면 백지 8푼, 세신 4푼을 가미한다. 열이 내리지 않고 머리가 여전히 아프면 뿌리가 달린 총백 5개, 인삼 3돈을 가미한다. 산후에 어혈이 없어지지 않은 경우에도 오한이 나고 열이 나게 된다.

이따금씩 찌르는 증상과 어혈이 있고 오한이 나고 열만 나며 다른 증상이 없는 경우는 음양의 기가 어울리지 못하는 것이다. 찌르는 듯이 아프면 당귀를 써야 하는데 그것은 당귀가 혈의 정상기능을 발휘하게 하는 약물이기 때문이다. 만약 속에 혈이 적체되어 찌르는 듯이 아프면 홍화, 도인, 당귀미 등의 속을 사용해야 한다.

(11) 상한의 3음증과 비슷한 증후

일정한 시간이 되면 열이 나고 땀을 흘리며 대변이 통하지 않는다고 하여 전문적으로 양명증을 치료하는 방법을 사용해서는 안 된다. 또한 입과 인두가 마르고 갈증이 난다고 해서 전문적으로 소음증을 치료하지 말아야 한다. 배가 답답하거나 진액이 부족하여 대변이 굳는다 하여도 전문적으로 태음병을 치료해서도 안 된다. 또 땀을 흘리고 헛소리를 하며 대변을 보지 못하면 위장에 열과 건조한 대변이 엉켰다고 하법을 써야 하는 증후라고 말하지 말아야 한다.

이상의 여러 가지 증후들은 과도한 피로로 비기를 손상한 탓으로 수송과 전화기능이 늦어지면서 기와 혈이 고갈되고 위장이 건조해졌기 때문이다. 허증에 실증을 겸한 경우이므로 당연히 보양해주어야 한다.

치료에서 실증에만 치우치고 산후임을 등한시하면서 3음증과 비슷하다고 하여 3승기탕으로 치료해서는 안 된다.

간혹 젊고 신체가 튼튼한 산모라면 행운으로 사용해도 별 문제가 없겠지만 몸이 허약한 산모는 하법을 쓴다면 병을 치료하지 못한다.

함부로 하법을 써서 팽만증이 형성되고 대변을 밀어냈지만 대변이 더욱 엉키게 되는 경우를 여러 번 보았다. 또 혈이 부족하여 며칠간 대변을 보지 못한다고 해서 하법으로 치료한다면 금방 설사가 나면서 멎지 못하는데 이는 매우 위험한 증상이다.

옛 문헌에 "산후에 대변이 굳은 지 여러 날이 되어 음식을 약처럼 많이 먹는다고 해도 대변이 직장에 굳어있는 경우라면 저담즙으로 습윤하게 해주어 배설시켜야 한다."라고 했다.

만약 대변을 오랫동안 배설하지 못하였어도 음식은 예전과 같이 먹으면서 배도 여전하면 보양해주는 방제만 써도 병이 낫는다. 만약 쓰고 찬 약으로 소통한다면 오히려 중초의 기를 손상하여 설사가 나고 멎지 않거나 걸린 느낌 등의 답답한 증후가 발생하는데 이런 것들은 모두 잘못 치료했기 때문이다.

산후에 대변이 굳어지면서 상한의 3음증과 비슷한 증후가 나타나는 경우를 치료한다.

양정통유탕

천궁 2돈, 당귀 6돈, 자감초 5푼, 도인 15알, 화마인 2돈(볶는다), 육종용 1돈(술에 씻고 껍데기를 버린다)

땀을 많이 흘리고 대변이 굳으면 황기 1돈, 마황근 1돈, 인삼 2돈을 더 배합하고, 입이 마르고 갈증이 나면 인삼, 맥문동을 각각 1돈씩 더 배합하며, 배가 답답한 느낌이 나고 대변이 굳으면 맥문동 1돈, 지각 6푼, 인삼 2돈, 육종용 1돈을 더 배합한다.

땀을 흘리고 헛소리를 하며 대변이 굳으면 기와 혈이 고갈되면서 정기와 신명이 제자리를 지키지 못하기 때문인데 영혈을 자양해주고 신명을 안정시켜 주어야 한다. 복신, 원지, 육종용 각각 1돈, 인삼, 백출 각각 2돈, 황기, 백지 각각 1돈, 백자인 1돈을 더 배합한다.

이상에서 대변이 굳어진 여러 가지 증후들은 당귀와 인삼을 근당위까지 대량으로 쓰지 않으면 효과를 보기 어렵다.

대개 산후에 허하여 상한에 걸렸거나 음식에 상하여 머리가 아프고 열이 나는 등의 증상이 나타나거나 옆구리와 허리가 아픈 증상이 나타나면 외감병이므로 땀을 내야 하지만 그래도 산후임을 더 중하게 여겨야 하며 혈을 잃었으므로 땀을 내는 것을 금해야 한다.

다만 증후를 헤아려 생화탕에 가감하고 조리해준다면 잘못되는 일이 없다. 또 대변이 굳어진 경우라도 산후이므로 혈을 잃었음을 중요시 한 후 정기의 보양과 혈을 자양해줌과 동시에 막힌 것을 통하게 해준다면 절대 위험하지 않다.

산후에 오래도록 대변이 통하지 않는 경우를 치료한다.

윤장죽

지마 1승(연마하여 가루 낸다), 쌀 2합에 섞어 죽을 끓여 복용하면 대장이 습윤해지면서 대변이 통한다.

(12) 중풍과 비슷한 증후

산후에 기와 혈이 갑자기 허해지면서 전신의 사지관절들을 자양해주지 못하면 돌연히 이빨을 깨물고 입을 벌리지 못하며 손과 발에 경축이 이는데 증후는 중풍, 간질, 경축증과 비슷하다.

비록 허화가 위로 치밀면서 발생되었지만 치료에서는 모두 지엽적인 것을 치료하면서 풍을 가라앉히고 담을 없애는 데만 치우치는데 산모가 허약하다는 점에 중시를 돌려야 한다.

치료는 당연히 생화탕을 먼저 복용하여 혈이 생성되고 왕성해지게 해야 한다. 만약 위중한 증후가 나타난다면 약을 3번 복용한 뒤 즉시 인삼을 가미하여 기를 북돋아 혈이 이탈되는 것을 막아야 한다.

만약 담과 화가 있는 경우라면 귤홍과 황금(볶은 것) 등을 적당히 배합하고 또 죽력, 생강즙도 배합할 수 있다. 그러나 황백이나 황련은 절대 배합하지 말아야 한다.

산후에 혈이 부족해져서 이빨을 깨물고 입을 벌리지 못하며 목덜미가 뻣뻣하고 경련이 있는 풍증을 치료한다.

자영활락탕

천궁 1돈 반, 당귀, 숙지, 인삼 각각 2돈, 황기, 복신, 천마 각각 1돈, 자감초, 진피, 형개수, 방풍, 강활 각각 4푼, 황련 8푼(생강즙에 볶는다)을 물에 달여 복용한다.

담이 있으면 죽력, 생강즙, 반하를 더 가미하고, 갈증이 나면 맥문동, 갈근을 더 가미한다. 음식으로 체하였으면 산사, 사인을 가미하여 육식을 삭혀 소화되게 해주며 신곡과 맥아로 밥을 삭혀 소화를 돕는다.

대변이 배설되지 않으면 육종용 1돈 반을 더 가미하고, 땀을 많이 흘리면 마황근 1돈을 더 가미하며, 놀라고 가슴이 두근거리면 산조인 1돈을 더 가미한다.

산후 중풍으로 정신이 온전하지 못하고 말을 더듬거리며 사지를 잘 쓰지 못하는 경우를 치료한다.

천마환

천마 1돈, 방풍 1돈, 천궁 7푼, 강활 7푼, 인삼, 원지, 백자인, 산약, 맥문동 각각 1돈, 산조인 1냥, 세신 1돈, 천남성곡(남성곡은 천남성을 주요약재로 만든 누룩) 8푼, 석창포 1돈을 보드랍게 가루 내고 꿀로 환을 빚는데 이때 주사를 겉에 바른다. 더운물에 60~70알씩 복용한다.

평언 : 일부 책에서는 조인을 1돈이라고 하고 세신은 4푼이라고 하였다.

(13) 경련류의 증후들

산후에 땀을 많이 흘리면 경련이 일게 되면서 목덜미가 강직되고 몸이 뒤로 휘어지고 숨소리가 끊어지는 듯하면 가감생화탕을 급히 복용시켜야 한다.

땀을 흘리면서 경련이 이는 경우를 전문적으로 치료한다.

가감생화탕

천궁, 마황근 각각 1돈, 당귀 4돈, 계지 5푼, 인삼 1돈, 자감초 5푼, 강활 5푼, 천마 8푼, 부자 1편, 영양각 8푼을 물에 달여 복용한다.

만약 땀이 나지 않고 경련이 일면 중풍으로 천궁 3돈, 당귀 1냥(술에 씻는다), 산조인, 방풍(분량이 없다)을 사용해야 한다.

평언 : 일부 책에서는 생강 1편, 대추 1매를 가미한다고 하였다.

(14) 땀을 흘리는 경우

무릇 분만할 때 땀을 흘리는 것은 과도한 피로로 비기를 손상하였고, 놀라서 심을 손상하였으며, 두려움으로 간을 손상하였기 때문이다.

산모가 흔히 이 3가지 원인을 겸하였기에 땀을 흘린다 하여도 땀을 거두어들이는 방제를 사용하지 말아야 한다. 신명을 안정시켜주면 땀은 스스로 멎는다. 만약 혈괴와 통증이 있다면 황기와 백출을 서둘러 쓰지말고 생화탕을 2~3첩 복용시켜 혈괴를 없애고 통증을 멎게 해야 한다. 이어서 가삼생화탕을 복용하여 땀을 멎게 한다.

만약 분만한 뒤에 권태하고 땀을 끊임없이 흘리며 형체가 수척하고 몰골이 초췌하면 이것은 양기가 이탈되면서 흐르는 땀인데 땀을 흘리는 것은 양기를 잃었기 때문이며 양기를 잃으면 음액도 잇달아 잃게 된다.

때문에 경중(輕重)에 따라 급히 가삼생화탕을 조금씩 입에 부어 넣어 넘기게 해야 한다. 이때 인삼의 양을 배로 증가하여야 하며 혈괴와 통증의 유무에 구애되지 말아야 한다.

여성은 산후에 땀을 많이 흘리므로 비기를 튼튼하게 해주고 진액을 걷어들이며 영기와 위기를 북돋우어 혈이 혈맥을 따라 운행되면서 사지를 관계하고 자양하게 해야지 마구 운행하지 못하게 해야 한다.

다른 일반 병에서는 땀을 자한과 도한으로 분류하는데 당귀6황탕으로는 산후의 도한을 치료할 수 없다. 가삼생화탕과 가미보중익기탕 이 두 개의 처방을 복용할 수 있다. 인삼과 황기를 복용하여도 땀이 멎지 않는 경우와 머리에만 땀이 나고 허리와 발에서는 땀이 나지 않으면 치료가 어렵다. 만약 땀을 닦을 사이도 없이 흐르면 치료하지 못한다.

산후에 땀을 흘리면서 숨이 차는 경우는 극도로 허하기 때문인데 만약 보양을 받아들이지 못한다면 역시 치료할 수 없다.

마황근탕은 산후에 허약하여 땀을 흘리며 멎지 않는 경우를 치료한다.

마황근탕

인삼 2돈, 당귀 2돈, 황기 1돈 반(볶는다), 백출 1돈(볶는다), 계지 5푼, 마황근 1돈, 분감초 5푼(볶는다), 모려(연마하여 소량으로), 부소맥 크게 한 줌을 물에 달여 복용한다.

허탈하면서 땀을 많이 흘리고 손과 발이 차가우면 건강탄 4푼, 숙부자 1편을 가미하며, 갈증이 나면 맥문동, 오미자 10알을 가미한다.

비만한 여성이 산후에 땀을 많이 흘리면 죽력 1잔, 생강즙은 작은 숟가락으로 한 술을 가미하여 담과 화를 없애고, 바람과 추위를 꺼려하면 방풍, 계지를 각각 5푼씩 배합한다.

혈괴가 배설되지 않았으면 숙지 3돈을 배합하고 저녁에는 8미지황환을 복용한다.

8미지황환

산수육, 산약, 단피, 복령 각각 8돈, 택사 5돈, 숙지 8돈, 오미자 5돈, 황기 1냥(볶는다)을 꿀을 달여 환을 만든다.

양이 음으로 들어가면 땀을 흘리는데 또 바람을 맞는다면 계종으로 발전되는 경우가 있다. 이러면 치료가 더욱 힘들다. 때문에 땀을 흘리면 바람과 찬 것을 피해야 한다. 땀을 많이 흘리면서 소변이 잘 배설되지 않는 것은 진액을 잃었기 때문이므로 소변을 배설시키는 약물을 사용하지 말아야 한다.

(15) 도한

산후 잠을 잘 때마다 땀을 흘리며 깨어나면 땀이 멎는데 이를 도한(盜汗)이라고 한다. 도한은 땀이 저절로 흐르는 경우와는 다르다. 옛 문헌에서는 자한은 양기가 허하기 때문이고, 도한은 음정이 허하기 때문이라고 했다.

그러므로 당귀6황탕은 산후의 도한을 치료하는 처방이 아니다. 다만 기와 혈을 조리하는 방법을 겸용하여야 효과를 얻을 수 있다.

지한산은 산후의 도한을 치료한다.

지한산

인삼 2돈, 당귀 2돈, 숙지 1돈 반, 마황근 5푼, 황련 5푼, 부소맥 크게 한 줌, 대추 1매

모려(보드랍게 가루 낸다) 5푼, 밀가루(노랗게 볶고 가루 낸다)

평언 : 일부 책에서는 모려, 소맥(노랗게 볶는다) 각 각 5푼씩 빈속에 물에 타서 복용한다고 하였다.

(16) 갈증이 나면서 소변이 잘 배설되지 않는 경우

산후에 안절부절 못하며 인두가 마르고 갈증이 나고 소변이 잘 배설되지 않는 것은 출혈과 땀을 많이 흘렸기 때문이다.

치료는 비장과 폐장을 보양해주어 기와 혈을 위로 올라가게 해야 한다. 이를 통해 양기가 위로 올라가고 음기는 아래로 내려오면서 수액이 경맥으로 들어가 혈과 진액으로 생화된다.

음식물이 위로 들어가 소화되고 정미물질이 생성되면 기가 왕성해지고 혈도 혈맥에서 잘 운행하게 되며 진액이 자연히 생성되기에 소변이 잘 배설된다. 만약 갈증이 나는 것을 화가 있기 때문이라고 오진하고 황금, 황련, 치자, 황백으로 화를 밀어낸다면 소변은 더욱 더 배설되지 않는다.

또한 소변이 잘 배설되지 않는 것을 속에 수액이 멈추고 막혔기 때문이라고 오진하고 오령산으로 소변을 통하게 하는 것 역시 모두 착오이다.

분만으로 피로해졌고 기와 혈이 손상되었기에 따뜻하게 해주고 보양해주며, 소변이 잘 통하지 못하기에 근거하여 습윤하게 해줌과 아울러 통하게 해준다면 병은 완치된다.

생진지갈익수음

인삼, 맥문동, 당귀, 생지 각각 3돈, 황기 1돈, 갈근 1돈, 승마, 자감초 각각 4푼, 복령 8푼, 오미자 15알을 물에 달여 복용한다.

땀을 많이 흘리면 마황근 1돈, 부소맥 크게 한 줌을 가미하고, 대변이 건조하면 육종용 2돈 5푼을 가미한다. 갈증이 심하면 생맥산을 배합하는데 이때 주의해서 사용해야 한다.

(17) 유뇨

기와 혈이 너무 허약해져 제약을 상실하여 발생되는 경우면 8진탕에 승마, 시호를 배합하여 심한 경우면 숙부자 1편을 더 배합한다.

(18) 방광을 손상한 경우

분만 후 조리를 잘하지 못한 것이 원인이 되어 방광이 손상되었으면 인삼, 황기를 기본으로 당귀, 천궁을 가미하여 도인, 진피, 복령을 좌약으로 하여 돼지나 양의 방광과 함께 달여 복용한다. 10첩을 복용하면 완치된다. 또 노란 생비단 1자, 흰 모란뿌리껍질가루, 백급가루를 각각 2돈을 물 2사발에 물러질 때까지 달인다. 약을 복용한 다음 조용히 누워있으면서 말을 삼가야 한다. 이 처방은 보포음이라고 하며 효과가 매우 좋다.

(19) 임증

산후 몸이 허약하여 열사가 방광으로 들어가 속은 허하고 소변이 잦고 요도가 뜨겁고 아프면 이를 임증(淋症)이라고 한다.

산후에 냉이나 열로 임증이 생긴 경우를 모두 치료한다.

모근탕

석고 1냥, 백모근 1냥, 구맥, 백복령 각각 5돈, 규자, 인삼, 도교, 활석 각각 1돈, 석수어두 4개를 등심초 달인 물에 약을 달이고 이빨가루를 타서 공복에 복용한다.

평언 : 일부 책에서는 보통 속이 허함에 그 원인이 있다고 했고, 처방에는 석고 1냥을 사용하였는데 이런 치료방법은 없다. 그러므로 이 처방에 혼동하여 치료를 잘못 시술하는 일이 없도록 해야 한다.(또한 다른 책에서는 석고 1돈이었고 활석은 없었으며 여러 약들은 등분한다고도 했으니 유의하자.)

⊙ **또 하나의 처방** : 산후 소변을 볼 때 요도가 아프고 소변에 피가 섞여 나가는 경우를 치료한다.

백모근, 구맥, 규자, 차전자, 통초(이상의 약물은 분량이 없다), 잉어이빨 100개를 물에 달여 복용한다. 이때 잉어이빨가루를 넣어도 된다.

(20) 잦은 소변

평소에 방광에 냉이 있었고 분만으로 그 냉이 발동되면서 방광에 영향을 주면 소변이 잦다.

적석지 2냥을 가루 내어 공복에 복용한다.

⊙ **또 하나의 처방** : 익지인 28알을 가루 내어 미음에 2돈씩 복용해도 소변이 잦고 소변을 참지 못하는 경우를 치료한다. 이외에도 상표산이 있다.

(21) 설사

산후의 설사는 음식으로 인한 설사, 습으로 인한 설사, 음식물이 아래로
밀리면서 하는 설사 등이 있다. 하지만 이런 다양한 원인으로 인한 설사는
논의가 다른바 대부분은 기가 허하고 식적으로 발생되었거나 습으로 발생
되었기 때문이다.

기가 허하면 보양해주어야 하고 음식이 적체되었으면 그것을 삭혀 없애
야 하며 습으로 인한 것도 마찬가지로 없애주어야 한다.

그러나 산후 이슬이 깨끗이 없어지지 않았기에 설사를 재빨리 멎게 하기
어렵다.

먼저 생화탕을 1~2첩을 복용하게 함으로써 이슬을 없애고 혈을 생성되
게 해야 한다. 또한 복령을 가미하여 물길을 잘 통하게 해주어 혈을 생성
시킨다. 그런 다음 기를 보양해주고 적체된 음식을 삭혀 내려가게 하고 물
길을 잘 통하게 하고 습을 없애면 수액이 막혀 통하지 못하거나 허한 것을
더 허하게 하는 폐단이 없다.

산후 보름이 지났으면 다른 병의 변증치료에 따라 허실을 가리고 치료를 해야 한다. 만약 배가 아프고 대변이 멀건 물 같으며 배에서 소리가 나고 미음도 소화하지 못하는 것은 한기로 인한 설사로 변증하고 치료해야 한다. 대변이 누렇고 붉은 색을 띠며 항문이 아프면 열로 인한 설사로 변증하고 치료해야 한다.

음식을 과식한 탓으로 비위를 손상하여 설사하는 경우면 대변은 고약한 냄새가 나므로 음식 적체로 변증하고 치료할 수 있다. 또 비기가 허한지 오래되어 음식을 조금씩 밖에 먹지 못하며 음식을 먹자마자 장에서 소리가 나고 설사한다면 좀 경한 허한으로 인한 설사로 치료해야 한다.

통틀어 말하면 설사의 치료는 한기로 인한 것이면 덥게 해주고 열이 있으면 그 열을 없애주어야 한다. 비기가 손상되었고 음식이 적체된 경우면 적체를 이끌어 잘 배출되게 하는 동시에 비기를 튼튼하게 해주며 삭혀줌과 보양해줌을 겸용하여 치료한다면 실수가 없다.

산후에 허한 원인으로 설사하면서 눈앞이 깜깜하고 사람을 잘 알아보지 못하며 몹시 허약하고 형체도 초췌하면 위중한 증후인데 반드시 인삼 2돈, 백출, 복령을 각각 2돈, 부자 1돈을 써야 회생할 수 있다.

만약 맥이 약하며 조금 힘주어 눌러보아 박동이 잘 나타나지 않으면 중한증으로서 음이 먼저 이탈되고 양기가 바야흐로 절망되려는 징조이다.

급히 기와 혈을 보양해주어야 하는데 부자와 건강탄을 가미하여 원양을 회복시켜야 한다.

산후 혈괴(핏덩이)가 없어지지 않았고 설사가 나는 경우를 치료한다.

가감생화탕

천궁 2돈, 복령 2돈, 당귀 4돈, 건강탄 5푼, 자감초 5푼, 도인 10알,
연자 8알을 물에 달여 따뜻하게 복용한다.

산후 혈괴가 이미 없어졌고 설사하는 경우를 치료한다.

견비리수생화탕

천궁 1돈, 복령 1돈 반, 당귀신 2돈, 건강탄 4돈, 진피 5푼, 자감초
5푼, 인삼 3돈, 육과 1개(포제 한다), 백출 1돈(모래에 볶는다),
택사 8푼을 물에 달여 복용한다.

한기가 있어 설사하는 경우는 건강 8푼을 가미한다. 한기로 인해 배가
아프면 사인, 포건강을 각각 8푼씩 더 배합한다. 열로 인한 설사면 황련 8
푼을 배합해주고 물 같은 설사가 나며 배가 아프고 미음도 소화하지 못하
면 사인 8푼, 맥아, 산사 1돈을 더 가미한다. 설사하면서 트림이 나고 냄새
가 시고 역하면 신곡, 사인을 각각 8푼씩 가미한다.

비기가 허한지 오래되었고 설사하면서 대변에 소화되지 않은 음식물이
섞여 나가면 허한증으로 인한 설사이다. 대변이 멀건 물 같으면 창출 1돈
을 가미하여 습을 없애주어야 한다.

비기가 허약하고 원기가 허하면 반드시 크게 보양해주어야 하는데 음식

을 소화시키고 열을 없애며 한기를 물리치는 약물들을 적당하게 배합한
다. 허약하고 형체가 수척해지면 첫 처방에서 인삼, 백출, 복령, 부자는 반
드시 사용해야 할 약물들이다.

무릇 그 어떤 설사이든지 승마(술에 볶는다)와 연자 10알을 가미해주어야
한다.

(22) 대변에 소화되지 않은 음식물이 섞여나오는 경우

설사는 산후 과도한 피로와 비장이 손상으로 수송과 전화기능이 상실되
어 발생한다. 이때 대변에 소화되지 않은 음식물이 섞여나오면 이를 순설
이라고 한다.

또 음식을 과식하여 비와 위장이 손상된 경우도 대변에 소화되지 않은
음식물이 섞여나오는데 민간에서는 이를 수곡리(水穀痢)라고 한다.

그런데 산모가 분만한 지 3일 밖에 되지 않아 혈괴가 없어지지 않았으면
비위가 허하다고 하여도 인삼, 황기, 백출 등을 급히 쓰면 안 된다.

그러므로 생화탕에 익지인, 목향, 사인을 가미하여 비기를 좀 따뜻하게
해주면서 혈괴를 없앤 다음 인삼, 황기, 백출을 가미하여 기를 보양하고
육과, 목향, 사인, 익지인을 가미하여 위를 따뜻하게 해주며 승마와 시호
로 위기를 깨끗하게 해주며 택사, 복령, 진피로 수액을 잘 운행되게 해주
는 것이 가장 좋은 치료방법이다.

산후 3일 이내에 설사가 나면서 대변에 소화되지 않은 음식물이 섞여 나오면서 혈괴가 없어지지 않는 경우를 치료한다.

가미생화탕

천궁 1돈, 익지인 1돈, 당귀 4돈, 건강탄 4푼, 자감초 4푼,
도인 10알, 복령 1돈 반, 천궁 1돈을 물에 달여 복용한다.

산후 3일이 지났고 혈괴는 없지만 설사가 나면서 대변에 소화되지 않은 음식물이 섞여나오며 평시 몸이 허약하여 이 증후가 발생된 경우를 치료한다.

삼령생화탕

천궁 1돈, 당귀 2돈, 건강탄 4푼, 자감초 5푼, 인삼 2돈, 복령 1돈,
백작 1돈(볶는다), 익지인 1돈(볶는다), 백출 2돈(모래에 볶는다), 육과
1개(포제 한다)를 물에 달여 복용한다.

설사하며 물 같은 것이 더 많이 배설되면 택사, 목통을 각각 8푼씩 가미한다. 배가 아프면 사인 8푼을 가미한다. 한기가 심하여 설사하는 경우면 건강탄 1돈, 목향 4푼을 가미한다. 음식이 적체된 경우면 신곡, 맥아를 가미하여 면식이나 0밥이 잘 소화되게 하고 사인과 산사를 가미하여 육식을 잘 소화되게 해준다.

산후 설사가 오래되어 위기가 허해지면서 대변에 소화되지 않은 음식물

이 섞여나오는 경우라면 위기를 따뜻하게 해주고 보양해줘야 하는데 6군자탕에 목향 4푼, 육과 1개(포제 한다)를 가미한다.

평언 : 일부 책에서는 당귀 3돈이며 대추 1매가 들어 있었다. 또 다른 책에서는 연자 8매(속을 빼버리고), 대추 3매가 들어간 경우도 있으니 참고로 한다.

(23) 이질

산후 7일 전후에 적백이질이 걸려 뒤가 묵직하고 아프며 대변이 자주 배설되면 그 치료는 가장 힘들다.

이때 기를 조리해주고 혈을 잘 운행되게 하고 이질 사기를 밀어내고자 할때 산후여서 원기가 허해졌음이 걱정되고, 또 영과 기를 자양하고 북돋아주려니 이질 사기를 부추겨줄 우려가 생기기 마련이다.

오직 생화탕에서 건강을 빼버리고 목향, 복령을 가미하여 산후 이슬을 없애는 동시에 이질을 치료하면 환자의 병과 서로 상반되지 않기에 걱정하지 않아도 된다. 다음 향련환을 복용하게 하는데 이렇게 1~2일을 지내보아 병이 좀 경감되면 차도가 보인다. 만약 산후 7일이 지나서 갈색의 대변을 배설하고 뒤가 묵중하며 대변을 빈번하게 보면 이는 허한 이질을 겸

236

한 것으로서 의심할 것 없이 당귀를 가미해야 한다.

만약 산모의 천부가 튼튼하였고 산욕기도 20일이 지났다면 생화탕에 황련, 황금, 후박, 작약 등 적체를 없애는 약물을 배합해야 한다.

가감생화탕은 산후 7일 이내의 이질을 치료한다.

가감생화탕

천궁 2돈, 당귀 5돈, 자감초 5푼, 도인 20알, 복령 1돈, 진피 4푼, 목향 3푼을 물에 달여 복용한다.

대변에 붉은 것이 섞여 나가고 배가 아프면 사인 8푼을 가미한다.

청혈환은 굳은 것을 치료한다.

청혈환

목향, 황련을 가루 내고 연자육가루를 타는데 각각 1냥 반으로 하여 고루 섞어 환을 짓는다. 술에 4돈씩 복용한다.

무릇 산후 3~4일이 지났고 혈괴가 없어졌으며 이질도 좀 경감된 경우 빈번하게 발생하는 10개의 증후의 치료법을 다음과 같이 정리해 보았다.

① **산후 오랜 설사** : 원기가 허약하여 대변을 참지 못하며 항문이 이탈되려 하면 6군자탕에 목향 4푼, 육과 1개(포제 한다), 생강즙 5푼을 배합한다.

② **산후 이질** : 얼굴색이 누렇다면 비토의 진기가 허해졌기 때문이다. 보중익기탕에 목향, 육과를 가미한다.

③ **산후 면식에 상한 경우** : 이질이면 생화탕에 신곡, 맥아를 가미한다.(다른 책에서는 신곡, 맥아 아래에 각각 1돈이라고 하였다.)

④ **산후 육식에 상한 경우** : 이질이면 생화탕을 써야 하는데 이때는 산사, 사인을 가미한다.

⑤ **산후 위기가 허약한 경우** : 설사가 나며 대변에 소화되지 않은 음식물이 섞여나가면 위기를 따뜻하게 하고 북돋아주어야 하는데 6군자탕에 목향 4푼, 육과 1개(포제 한다)를 가미한다.

⑥ **산후 비위가 허약한 경우** : 사지가 부었으면 6군자탕에 오피산을 가미한다.(처방은 뒤의 수종 편(p244)에서 기재하였다.)

⑦ **산후 설사와 이질** : 뒤가 묵중한 증상은 없고 오래가도록 낫지 않으면 6군자탕에 목향, 육과를 가미한다.

⑧ **산후의 적백이질** : 배꼽 아래부위가 아프면 당귀, 후박, 황련, 육과, 감초, 도인, 천궁으로 치료한다.

⑨ **산후 오래된 이질** : 색깔이 붉으면 혈허에 속하는데 4물탕에 형개, 인삼을 가미한다.

⑩ **산후 오래된 이질** : 색깔이 희면 기가 허한 것인데 6군자탕에 목향과 육과를 가미한다.

(24) 곽란

　곽란은 곧 토하고 설사하는 것이 주요 증상으로 갑자기 발병되며 순식간에 여러 가지 급성 위장질환을 동반한다. 현대의학의 곽란과는 개념이 조금 다르다.

　피로로 기와 혈이 손상되고 장부가 허해지면서 음식물을 소화하고 수송해주지 못하는데다 찬바람을 맞아 음양의 승강기능이 엇갈리면서 맑은 기와 혼탁한 기가 비위를 혼란시키면 차고 더움이 조절되지 않고 정기와 사기가 격돌하여 위로는 토하고 아래로는 설사하면서 곽란이 발생한다.

　산후 혈괴와 통증이 채 가시지도 않았는데 또 곽란에 걸린 경우를 치료한다.

생화6화탕

천궁 2돈, 당귀 4돈, 건강탄, 자감초, 진피, 사인 각각 6푼, 복령 1돈, 생강 3쪽을 물에 달여서 복용한다.

　산후에 곽란으로 토하고 설사하며 손과 발이 차가워 올라오고 혈괴가 없는 경우를 치료한다.

부자산

백출 1돈, 당귀 2돈, 진피, 건강탄, 정향, 감초 각각 4푼을 물에 달여 복용한다.(부자 5푼을 넣는 경우도 있다.)

산후 곽란으로 구토와 설사가 멎지 않고 혈괴가 없는 경우를 치료한다.

온중산

인삼 1돈, 백출 1돈 반, 당귀 2돈, 후박 8푼, 건강탄 4푼, 복령 1돈, 초두구 6푼, 생강 3편을 물에 달여 복용한다.

(25) 구역질이 나면서 음식을 먹지 못하는 경우

산후에 피로로 장부를 손상하였고 한사가 그 틈을 타서 위장에 침범하면 위기가 거슬리면서 구토하고 음식을 먹지 못한다. 또 어혈이 아직 깨끗하게 없어지지 않아 구토하는 경우도 있으며 또 담이 위로 들어가 분문에 영향을 주어 구토하는 경우도 있는데 증후에 따라 치료해야 한다.

산모가 구역질하며 음식을 먹지 못하는 것을 치료한다.

가감생화탕

천궁 1돈, 당귀 3돈, 건강탄, 사인, 곽향 각각 5돈, 담죽엽 7잎을 물에 달여 생강즙 2술에 타서 복용한다.

산후 7일이 지나 구역질하며 음식을 먹지 못하는 경우를 치료한다.

온위정향산

당귀 3돈, 백출 2돈, 건강탄 4푼, 정향 4푼, 인삼 1돈, 진피 5푼, 자감초 5푼, 전오 5푼, 곽향 5푼, 생강 3쪽을 물에 달여 복용한다.

산모가 구토하면서 기가 가슴과 머리로 치밀어 올라가며 눈앞이 캄캄하고 어지러운 경우를 치료한다.

석력산

석련자(껍질을 버리고 속을 빼버린다) 1냥 반, 백복령 2냥, 정향 5푼을 보드랍게 가루 내어 미음에 타서 복용한다.

평언 : 비만한 여성이 임신하지 못하는 경우를 참작한다면 이 처방의 효과를 쉽게 알 수 있다.

산모가 허약하고 갈증이 나며 기가 부족한 증상은 산후 혈이 부족하고 땀을 많이 흘려 속에 허열이 생겼고 진액을 생성하지 못하기 때문이다.

당귀 3~5돈, 천궁 5~7돈, 두중 2돈, 산약 2돈, 숙지 3돈, 지각 7푼을 물 2종지에 달여 8푼이 되면 공복에 따뜻하게 복용한다. 기가 허약하면 인삼과 백출을 가미해 수시로 복용한다. 만약 대변이 굳어지고 잘 배설되지 않으면 우슬 2돈을 가미한다.

(26) 기침

산후 7일 이내에 풍한 사기를 받아 기침이 나고 코가 막히며 목소리가 거칠고 오한이 있어도 마황탕과 같은 약으로 땀을 내지 말아야 한다.

역시 기침이 나고 옆구리가 아퍼도 시호탕을 쓰지 말아야 한다. 기침이 나면서 기침소리는 있으나 가래는 작고 얼굴이 붉은 경우도 찬 약을 쓰지 말아야 한다. 무릇 산후에 화(火)와 담(痰)으로 인한 기침은 몸조리를 한 지 반달이 지나야 찬 약을 쓸 수 있다.

반달이 되기 전에 찬 약을 쓰는 것은 적절하지 않다.

가미생화탕은 산후에 풍한 사기를 받아 기침이 나고 코가 막히며 목소리가 거친 경우를 치료한다.

가미생화탕

천궁 1돈, 당귀 2돈, 행인 10알, 길경 4푼, 지모 8푼을 물에 달여 복용한다.(일부 책에서는 지모를 4푼 쓰기도 하였다.)

담이 있는 경우는 반하곡을 가미하고, 허약하고 땀이 나면서 기침이 나면 인삼을 가미한다. 한마디로 말하면 산후에는 땀을 내지 말아야 한다.

산후에 몸이 허약해졌고 보름이 되지 않았는데 풍한 사기를 받아 기침이 나고 목소리가 거칠며 가래가 있는 경우거나 혹은 몸이 뜨겁고 아프며 땀을 많이 흘리는 경우를 치료한다.

가삼안폐생화탕

천궁 1돈, 인삼 1돈, 지모 1돈, 상백피 1돈, 당귀 2돈, 행인 10알(껍질과 끝을 벗긴다), 감초 4푼, 길경 4푼, 반하 7푼, 귤홍 3푼을 물에 달여 복용한다.

몸이 허약한 사람은 흔히 담이 많은데 죽력 1잔, 생강즙 반 숟가락을 더 가미한다.

평언 : 『해수론』에 의하면 화수(火嗽)라고 명백히 밝혔으며 또 산후 보름이내라면 한랭한 약을 경솔하게 쓰지 말라고 금기를 엄격하게 강조하였지만 제 1처방과 제 2처방에는 모두 지모가 들어 있다. 이렇다면 풍한 사기를 감수 받은 뒤 사기가 쌓이고 건조해지면서 열이 생겼기에 지모를 사용하였을 것이다.

산후 보름이 지난 뒤 마른기침이 나고 비교적 가래가 적은 경우를 치료한다.

가미4물탕

천궁, 백작, 지모, 과루인, 각각 1돈, 생지, 당귀 각각 2돈, 가자 2돈, 관동화 6푼, 길경 4푼, 감초 4푼, 마두령 4푼, 생강 1편(큰 것으로)을 물에 달여 복용한다.

(27) 수종

산후에 속에 수기가 있어 손과 발에 부종이 발생되며 피부 색깔은 밝은데 비기가 허하여 수액을 제약하지 못함은 신기가 허하여 물을 기화하고 운행하지 못하기 때문이다. 그러므로 반드시 기와 혈을 먼저 크게 보양해주어야 한다.

이때 창출, 백출, 복령으로 비기를 보양해주는데 수액이 속에 쌓여 갑갑한 감이 나면 진피, 반하, 향부자를 배합하여 그것을 삭혀주어야 한다.

몸이 허약하면 인삼, 목통을 배합하고, 열이 있으면 황금, 맥문동을 가미하여 폐금에 있는 열을 없애주어야 한다. 비기를 튼튼하게 하고 수액을 잘 운행되게 하려면 보중익기탕을 사용하도록 한다.

산후 7일이 지났으면 인삼, 백출 각각 2돈, 복령, 백작 각각 1돈, 진피 5푼, 목과 8푼, 자소, 목통, 대복피, 창출, 후박 각각 4푼으로 한다. 대변이 배설되지 않으면 욱리인과 화마인을 1돈씩 가미한다.

만약 한사와 습사가 비장을 손상한 경우라면 땀은 나지 않고 얼굴이 붓게 된다. 이때는 기를 보양해주는 처방에 생강피, 반하, 소엽을 배합하여 땀을 내게 한다.

산후 풍습이 비경에 침입하여 기와 혈이 응결되고 막혀서 얼굴과 눈이 푸석푸석하고 사지가 붓고 숨이 찬 경우를 치료한다.

오피산

오갈피, 지골피, 대복피, 복령피 각각 1돈, 생강 피 1돈, 대추 1매를 물에 달여 복용한다.

만약 산후에 이슬이 깨끗하게 없어지지 못하고 포락(자궁에 분포된 맥락)에 머물러 있으면 부종이 발생한다. 만약 수기를 치료하는 방법으로 감수와 같은 약물을 투여하면 안 된다.

조경산만 복용하면 혈이 운행되면서 부종이 없어진다.

조경산

몰약(따로 가루 낸다), 오박(따로 가루 낸다) 각각 1돈, 육계, 적작, 당귀 각각 1돈을 가루 내어 매회 5푼씩 생강즙과 술을 조금 타서 복용한다.

이 처방은 월경조절과 복통을 치료한다.

(28) 유주

유주란 사지의 심층조직에서 발생되는 화농성 질병이다. 흔히 독사(毒邪)가 여기저기에 흘러들면서 어디에서나 발생되므로 유주(流注)라고 하였다.

기혈의 허약함이 원인으로 사지의 깊은 조직에서 발생되어 근육조직에 알맹이가 생기거나 폭넓게 붓고, 한 곳 혹은 여러 곳에 발생되며 오래되면 농이 생기고 터진 뒤 농이 배출되면 낫는다.

발병원인과 발생부위가 부동함에 따라 습담유주, 어혈유주, 서습유주,

축각유주 등으로 분류된다.

이는 산후에 이슬이 허리, 엉덩이, 발목관절 등에 흘러들어 폭넓게 부어 오르거나 혹은 알맹이가 생겨 시간이 지날수록 붓고 아프며 사지가 피로하고 움직이기 힘들면 급히 총우법으로 부은 곳을 찜질하고 삼귀생화탕을 복용하여 어혈을 삭혀 없애야 한다. 유주가 채 형성되지 않은 것은 삭아 없어지고 이미 형성된 것은 터져버린다.

⊙ 총위법

파 한줌을 취하여 뜨겁게 구운 뒤 찧어서 떡처럼 만들어 아픈 부위에 붙인다. 그런 다음 두꺼운 천을 2~3번 덮고 다리미로 뜨겁게 다림질한다.

삼귀생화탕

천궁 1돈 반, 당귀 2돈, 자감초 5푼, 인삼 2돈, 황기 1돈, 육계 5푼, 마체향 2돈을 물에 달여 복용한다.

이 처방은 기혈 보양과 음식조절을 잘 하지 않고서는 치유될 수 없다. 붓고 아프지만 음식을 먹는 것이 여전하다면 병이 아직 깊이 들지 않았고 형체가 손상되지 않았으면 치료가 쉽다.

만약 부은 부위가 광범위하고 약간씩 아프며 움직이기 싫어하며 음식을 많이 먹지 못하면 그 치료는 가장 힘들다.

농이 형성되지 않았거나 곪았어도 터지지 않았으면 기와 혈이 허하기 때문인데 8진탕을 복용할 수 있다. 몹시 추워하는 것은 양기가 허하기 때문이며 십전대보탕을 쓸 수 있다. 보양해준 다음 열이 심하게 나면 음혈이 허하기 때문인데 4물탕에 인삼, 백출, 단피를 배합하고 복용한다.

구역질이 나는 것은 위기가 허하기 때문인데 6군자탕에 포건강, 건강을 가미하여 복용한다. 음식을 많이 먹지 못하고 몸이 피곤하면 비기가 허하기 때문이며 보중익기탕을 쓴다. 사지가 차가워 올라오고 소변이 잦으면 신기가 허하기 때문이며 보중익기탕에 익지인 1돈을 가미한다.

⊙ 신선회동산

산후의 유주와 산후 이슬을 치료하는데 시간이 오래 되어 종창이 생겼을 경우 이 처방을 써서 농을 배출시킨다. 만약 기와 혈을 왕성하게 보양하지 않으면 이 처방을 복용할 수 없다.

(29) **팽창**

평소에 몸이 허약하였고 또 분만의 피로가 누적되어 중초의 기가 부족해지면 가슴과 횡격의 기가 불리해지고 기화와 수송기능이 늦어지게 된다.

만약 산후 즉시 생화탕을 복용하여 혈괴를 없앴고 가삼생화탕을 복용하여 비위의 기를 튼튼하게 해주었다면 배가 답답한 증상은 나타나지 않았을 것이다.

팽창은 음식으로 탈이 난 것을 삭혀 없애는 방법을 잘못 사용하였거나 뭉친 기를 잘못 풀었거나 찬 음식물을 많이 먹어 산후 이슬이 배설되지 못하고 속에 머물러 있는 등의 원인으로 발생된다. 또 혈이 허하여 대변이 굳어진 것을 하법으로 치료한다면 복창이 더욱 심해진다.

　이상의 것들은 모두 기와 혈이 부족하면 혈괴가 없어진 뒤에 기와 혈을 크게 보양해주며 중초의 기를 보양해주어야 한다는 도리를 몰랐기 때문이다. 또 승강기능이 상실되어 습과 열이 오래도록 쌓이고 없어지지 못했기에 팽창증이 형성된다. 그러니 삭혀줌과 동시에 보양해주면 비위의 기가 튼튼해지고 적체되었던 음식은 삭혀지고 뭉친 기가 저절로 풀어지게 된다. 기가 혈을 돕고 함께 잘 운행되면 대변도 잘 통하고 산후 이슬도 자연히 흘러 없어지게 된다.

　만약 산후에 중풍에 걸렸고 기가 부족하여 배가 답답한 감이 약간 나는 것을 오진하여 기를 소모시키는 약을 사용하여 팽창한 느낌이 든다면 보중익기탕을 복용시켜야 한다.

보중익기탕

인삼 5푼, 당귀 5푼, 백출 5푼, 백복령 1돈, 천궁 4푼, 백작 4푼, 내복자 4푼, 목향 3푼을 물에 달여 복용한다.(일부 책에서는 백출 1돈, 당귀 2돈, 생강 한쪽이라고 하였다.)

　만약 음식으로 탈이 났음을 삭혀주고 내려가게 하는 약을 잘못 써서 배가 팽창한 감이 나거나 혹은 옆구리 아래에 적괴가 생겼다면 건비탕을 복용시켜야 한다.

건비탕

인삼, 백출, 당귀 3돈, 백복령, 백작, 신곡, 오수유 각각 1돈, 대복피, 진피 각각 4푼, 사인, 맥아 각각 5푼을 물에 달여 복용한다.(일부 책에서는 인삼, 백출을 2돈이라 하였다.)

만약 대변의 불통으로 설사하는 약을 잘못 써서 배가 팽창한 느낌이 나고 아프면 양영생화탕을 복용해야 한다.

양영생화탕

당귀 4돈, 백작 1돈, 진피 6돈, 백복령 1돈, 인삼 1돈, 백출 2돈, 진피 5푼, 대복피 5푼, 향부자 5푼, 육종용 1돈, 도인 10알(포제 한다)을 물에 달여 복용한다.

혈괴로 아픈 경우는 이 처방을 달인 약물에 사소환을 복용한다. 반복하여 하법을 잘못 썼다면 반드시 인삼과 당귀를 반근씩 써야 한다.(일부 책에 도인이 없는 경우도 있었다.)

(30) 정충, 경계

분만으로 근심하고 놀라고 피로해졌으며 또 혈을 많이 잃어 가슴이 두근거리고 뛰면서 안정하지 못함을 정충(怔忡)이라고 한다. 만약 근심스럽고 자주 놀라며 가슴이 두근거린다면 이를 경계(驚悸)라고 한다.

이 두 개의 증후는 비위를 조리하여 정상기능을 발휘하게 해주고 마음과 정신을 안정시켜주어야 낫는다. 만약 분만한 뒤 혈괴가 채 없어지지 않는다면 생화탕을 복용하여 혈을 보양해주고 혈괴가 빨리 없어지게 해야 한다. 이러면 혈이 왕성해지면서 정충과 경계증상이 안정된다. 그러므로 정신을 안정시키는 약을 쓸 필요가 없다.

만약 혈괴가 없어지고 통증이 멎은 뒤에 정충과 경계가 발생하였으면 가감영양탕을 쓸 수 있다.

가감영양탕

당귀 2돈, 천궁 2돈, 복신 1돈, 인삼 1돈, 산조인(볶는다) 1돈, 맥문동 1돈, 원지 1돈, 백출 1돈, 황기 1돈(볶는다), 원육 8매, 진피 4푼, 자감초 4푼을 생강 물에 달인다.

분만 후 산모가 허열이 있어서 번거로운 경우라면 죽력과 생강즙을 배합하고 천궁, 맥문동을 버린다. 또 죽여 1단에 목향을 더 가미해주는데 이는 곧 귀비탕이 된다.

산후 심혈이 부족하여 심과 신명이 안정되지 못하는 경우를 치료한다.

양심탕

자황기 1돈, 복신 8푼, 천궁 8푼, 당귀 2돈, 맥문동 1돈 8푼, 원지 8푼, 백자인 1돈, 인삼 1돈 반, 자감초 4푼, 오미자 10알을 생강 물에 달여 복용한다.(일부 책에는 원육 6매가 들어있다.)

(31) 골증

골증〈열이 찌는 듯이 나는 증후로 노채(결핵성 질병)에 속함〉에는 보진탕을 써야 하는데 먼저 **청골산**을 복용해야 한다. 시호매련탕은 청골산을 탕제로 한 것인데 효과가 신속하다.

시호매련탕

시호, 전호, 황련, 오매(속의 씨를 빼버린다)를 각각 2냥씩 가루 낸 후 돼지척골 1쪽, 돼지 담즙 1개, 부추의 흰 부분 10뿌리(각각 1치 씩)를 함께 찧어 동변 1술잔을 타서 풀처럼 되면 약가루를 넣고 찧어 녹두알만큼 크게 환을 빚는다. 매회 30~40알을 끓여 식힌 물에 복용한다.

만약 횡격의 위쪽에 열이 있다면 식후에 복용한다. 이 처방은 남녀의 골증에 모두 쓸 수 있으며 산부인과 처방에만 국한되는 것은 아니다.

보진탕

황기 6푼, 인삼 2돈, 백출 2돈(볶는다), 자감초 4푼, 천궁 6푼, 당귀 2돈, 천문동 1돈, 맥문동 1돈, 백작 2돈, 구기자 2돈, 황련 6푼(볶는다), 황백 6푼, 지모 2돈, 생지 2돈, 오미자 10알, 지골피 6푼, 대추 3매(속의 씨를 빼버린다)를 물에 달여 복용한다.(일부 책에서는 맥문동과 황련이 없었다.)

가미대조탕은 속으로부터 열이 찌는 듯이 나는 경우를 치료한다. 만약 청골산, 매연환을 복용하여 효과가 없다면 이 처방을 복용한다.

가미대조탕

인삼 1냥, 당귀 1냥, 맥문동 8푼, 석곡 8푼(술에 찐다), 시오 6돈, 생지 2냥, 오황련 5돈, 산약 1냥, 구기자 1냥, 황백 7푼을 볶은 후 먼저 맥문동, 생지황을 찧어 으물으물 해지면 나머지 약을 넣고 찧어서 환을 만드는데 자하거를 쪄서 찧어 말린 것을 함께 넣고 꿀에 환을 짓는다.(일부 책에서는 맥문동과 석곡은 8돈이었고 시오는 5돈이었으며 황백은 4푼(술에 볶음)이라 하였다.)

(32) 심통

심통은 곧 위완통을 가리킨다. 위완은 심의 아래에 위치하였는데 피로로 인해서 풍한사기가 침입하였거나 찬 음식을 먹으면 발작하므로 민간에서 는 심통이라고 부른다.

혈이 부족하면 정충이나 경계가 발생되어 안정하지 못한다. 만약 진심통 이라면 손과 발이 검푸른 색깔을 띠며 하루도 채우지 못하고 죽는다. 심통 의 치료는 위에 있는 한기를 풀어 없애고 찬 음식물을 삭혀 없애야 한다.

그래서 이때에는 생화탕에 한기와 찬 음식을 없애는 약물을 적당히 배합 해주면 낫는다. 만약 은근히 아프고 눌러주면 통증이 멎으며 혈괴가 없으 면 허증이므로 보양하는 약을 더 배합해야 한다.

산후의 심통과 복통은 서로 비슷하다. 한기와 찬 음식으로 기가 위로 충 돌하면 심통이 발생하여 아래로 격돌하면 배에 통증이 생긴다.

치료는 다같이 생화탕에 육계, 오수육 등을 사용하여 따뜻하게 해주고 한기를 풀어주는 약물을 배합한다.

가미생화탕

천궁 1돈, 당귀 3돈, 건강탄 5푼, 육계 8푼, 오수육 8푼, 사인 8푼, 자감초 5푼을 물에 달여 복용한다.

찬 음식에 탈이 났다면 육계, 오수육을 가미한다.

면식으로 탈이 났으면 신곡, 맥아를 가미한다. 육식으로 탈이 났다면 산 사, 사인을 가미한다. 대변이 통하지 않으면 육종용을 가미한다.

(33) 복통

먼저 혈괴의 유무를 물어봐야 한다.

혈괴가 있고 배가 아프면 생화탕에 실소산 2돈, 원호 1돈을 배합하며 혈괴가 없으면 풍한으로 인한 복통으로서 가감생화탕을 쓸 수 있다.

가감생화탕

천궁 1돈, 당귀 4돈, 건강탄 4푼, 자감초 4푼, 방풍 7푼, 오수육 6푼, 백두구 5푼, 계지 7푼(통증이 멎으면 버린다)

음식으로 탈이나 배가 아픈 경우라면 앞의 방법대로 가감해서 사용한다.

(34) 아랫배가 아픈 경우

산후 중초가 허한데다 몸을 차게 하였거나 찬물을 마심으로 인한 원인 등으로 한기가 아래로 내려가면 아랫배가 아프게 된다.

또는 혈괴로 인하여 아픈 경우도 있으며 산후에 혈이 허해져서 배꼽 아래가 아픈 경우도 있다. 이는 모두 가감생화탕으로 치료할 수 있다.

가감생화탕

천궁 1돈, 당귀 3돈, 건강탄 4푼, 자감초 4푼, 도인 10알을 물에 달여 복용한다.

혈괴가 있어 아랫배가 아픈 경우면 이 처방에다 전호산을 함께 복용한다. 이때 냉으로 인한 통증도 치료된다. 혈괴가 없이 아랫배가 아픈 경우는 눌러주어 통증이 좀 경감되면 곧 혈허에 속한다.

이 증상에는 숙지 3돈, 전호, 육계 각각 1돈을 가루 내어 배합하는데 이 처방을 **전호산**이라고 한다.

(35) 허로

손과 발가락 뼈마디들이 차고 아프며 머리에서 땀이 흐르며 멎지 않는 증상을 허로라고 한다.

인삼 3돈, 당귀 3돈, 황기 2돈, 부추 10치, 돼지 신장 2개, 담두시 10알, 생강 3쪽을 준비한다. 먼저 돼지 신장을 삶아 익으면 그 즙에 약을 달인다. 그 즙이 8푼 정도로 줄면 따뜻하게 복용한다.(일부 책에서는 돼지 위를 잠깐 삶았다가 그 탕에 약을 달인다고 하였다.)

(36) 전신통증

산후에는 모든 관절들과 혈맥이 느슨해지고 기가 허약하므로 흔히 경락의 혈들이 막혀 잘 통하지 못한다. 혈들이 막히고 오래도록 풀리지 않으면 근맥이 견인되고 관절의 활동이 불리해져서 허리와 등을 돌리기 힘들고 손과 발도 움직이지 못하며 몸이 뜨겁고 머리에 통증을 느낀다.

이런 경우를 상한으로 간주하고 표(表)를 치료하는 방법으로 땀을 내면 근맥에 경련이 일고 손과 발이 차가워지며 변증이 발생하게 된다.

이때는 당연히 진통산으로 치료해야 한다.

진통산

당귀 1돈, 감초, 황기, 백출, 독활 각각 8푼, 육계 8푼, 상기생 1돈, 우슬 8푼, 해백 5뿌리, 생강 3쪽을 물에 달여 복용한다.(일부 책에서는 상기생이 없었음을 참고로 한다.)

(37) 허리통증

여성의 신장은 포궁에 연결되어 있고 또 허리는 신장이 거처하는 곳이다. 산후에 과도한 피로로 신기를 손상하면 포락도 손상되며 허리통증이 발생되며 혹은 산후의 허약이 회복되지 않았는데 풍사가 침범하여 허리통증이 발생된다.

산후에 풍한사기가 침범하여 허리를 움직이지 못하는 경우를 치료한다.

양영장신탕

당귀 2돈, 방풍 4돈, 독활 8푼, 계심 8푼, 상기생 8푼, 생강 3편을 물에 달여 복용한다.

2첩이면 통증이 멎는다. 신기가 허한 경우라면 숙지 3돈을 가미한다.(일부 책에서는 천궁 8푼이 들어있다.)

산후가 지난 지 오래되고 기와 혈, 신기가 허하여 허리가 아픈 경우를 치료한다. 처방은 골증조목에 있다.

가미대조환

당귀 2돈, 방풍 4돈, 독활 8푼, 계심 8푼, 상기생 8푼, 생강 3편을 물에 달여 복용한다.

청아환

오두 12알, 파고지 8냥(술에 담갔다가 볶는다), 두중 1근(생강즙에 볶아 실을 없앤다)을 보드랍게 가루 내어 꿀에 환을 빚는다. 연한 식초탕에 60알을 복용한다.(일부 책에서는 오두 20개라 하였다.)

(38) 옆구리 통증

간경의 혈이 허하고 기가 막히면 옆구리에 통증이 발생한다. 기가 막힌 경우라면 4군자탕에 청피, 시호를 가미한다.

혈이 허한 경우면 4물탕에 시호, 인삼, 백출을 가미한다. 만약 향이 있고 건조한 성질이 있는 약들만 쓴다면 오히려 기를 손상하기에 혈을 생성하지 못한다.

옆구리 통증에는 보폐산을 쓴다

보폐산

산수육, 당귀, 오미자, 산약, 황기, 천궁, 숙지, 목과, 백출, 독활, 산조인 각각 등분한 후 이를 물에 달여 복용한다.

일부 책에서는 산수육 2돈, 당귀 2돈, 오미자 10알, 황기 8푼, 천궁 6푼, 숙지 1돈 반, 목과, 백출 각각 1돈, 독활 8푼, 산조인 1돈, 생강 1편이라고 하였고 산약은 없었다. 참고로 제공한다.

(39) 음부통증

산후의 몸조리를 너무 일찍 끝냈거나 산문에 풍사가 침입하여 음부가 아파 옷을 입지 못하면 거풍정통탕으로 치료할 수 있다.

거풍정통탕

천궁 1돈, 당귀 3돈, 독활, 방풍, 육계, 형개(검게 볶는다) 각각 5푼, 복령 1돈, 지황 2돈, 대추 2매를 달여서 복용한다.

또한 음감, 음식, 음중 창을 익창이라고 하는데 아프고 가려우며 고름이 조금씩 끊임없이 흐른다. 음식은 대부분 심과 신에 열에 뭉치고 위기가 허약해 기와 혈이 운행되지 못하고 막혀서 발생된다.

옛 문헌에 "무릇 창이 생기고 아프며 가려운 증상들은 심병에 속한다." 라고 했다. 치료는 심과 신을 보양해주고 외용으로는 약물 훈증과 씻는 방법을 취한다. 10전음감산을 쓸 수 있다.

10전음감산

천궁, 당귀, 백작, 지유, 감초 각각 등분한 후 물 5사발에 달여 2사발이 되면 찌꺼기를 버리고 그 증기로 발병 국부를 훈증한다. 먼저 훈증한 다음 발병 국부를 씻는데 낮에는 3번 밤에는 4번 시행한다.

이외에도 포황 1승, 수은 2냥을 잘 섞어서 발라도 되며, 두꺼비, 토끼 똥을 등분으로 하여 가루 낸 뒤 발병 국부에 바르기도 한다.

또 감충이 음부와 장부를 부식하면 동남의 복숭아나무 가지를 취하여 한 쪽 끝을 가볍게 두드려 갈라지면 거기에 면화를 감는다. 석류황 가루를 복숭아 가지에 동여매고 태우면서 연기를 쏘이기도 한다.(이 경우 위의 조목과 함께 보아야 한다.) 또한 짧게 끊인 참대통을 솥에 넣고 복숭아 가지를 태워 그 연기를 쏘인다.

(40) 산후 이슬

산후 이슬이란 태아가 연결되었던 혈들을 말하는데 분만과 함께 이슬이 아래로 흘러 없어지면 배도 아프지 않고 산모도 안정된다.

만약 배를 차게 하였거나 혹은 찬 음식을 먹은 탓으로 이슬이 응결되면서 핏덩이가 되고 오래도록 풀지 못하면 여러 가지 허증이 나타난다.

혹은 몸이 뜨겁거나 속으로부터 찌는 듯한 열이 나거나 음식을 많이 먹지 못하고 수척해지며 혹은 손과 발바닥이 뜨겁고 마음이 괴로워도 월경이 생기지 않는다. 만약 혈괴가 옆구리에 생기고 움직이면 배에서는 소리가 나고 신물이 올라오며 눈앞이 캄캄하고 아물거리며 어지럽다.

또한 학질처럼 열이 나는 증상이 이따금씩 발작한다.

이런 여러 가지 증후들을 치료할 때면 사기를 없애기에 앞서서 기를 보양해주어야 하는데 보중익기탕에 삼소환을 복용해야 한다. 이러면 원기가 손상되지 않을뿐더러 이슬도 없어진다.

가미보중익기탕

인삼 1돈, 백출 2돈, 당귀 3돈, 황기 1돈(볶는다), 백작 1돈, 광진피 4푼, 감초 4푼을 생강과 대추를 넣고 물에 달여 복용한다.

부인이 어혈과 음식이 적체되었거나 담이 있는 등의 세 가지 증후를 치료한다.

삼소환

황련 1냥(절반은 오수육을 달인 뒤 찌꺼기를 버리고 그 물에 담갔다가 볶고 절반은 익지인과 함께 볶는데 익지인은 버린다), 천궁 5돈, 내복자 5돈(볶는다), 도인 10알, 산치자, 청피, 삼릉, 봉아출 각각 5돈(모두 식초에 볶는다), 산사 1냥, 향부자 1냥(동변에 담갔다가 볶는다)을 가루 내고 쪄서 환을 만든다.

식후에 보중익기탕에 50~60알을 복용하거나 백출 3돈, 진피 5돈, 물 1종지로 5푼이 되게 달여서 그 물에 타서 복용한다.

이 처방은 산후에 음식이 상하였거나 산후 이슬이 없어지지 않는 경우를 치료한다. 만약 초산부이고 산후 이슬이 없어지지 않는다면 생화탕에 산사탄(山査炭) 3돈을 가미한다. 매일 1첩씩 연속 4첩을 복용한다.

(41) 유옹

유두는 족궐음 간경에 속하며 유방은 족양명 위경에 속한다. 만약 유방에 부스럼과 알맹이가 생겼으면 색깔이 붉고 며칠 지난 뒤 붓고 아픈 증상이 나타난다. 이것이 곪아터지면 고름이 흐르는데 고름이 다 흘러 없어지면 낫는다.

이 병은 담과 위의 열과 독으로 기와 혈이 막혀 발생된다. 이것을 유옹이라고 하며 치료는 쉽다. 만약 발병초기이면 속에 알맹이가 맺히고 벌겋게 붓지만 아프지는 않다.

시간이 흐름에 따라 점차 붓고 터지며 모양은 마치 무르익은 석류와 흡사하다. 이런 경우는 치료가 쉽지 않다. 치료방법은 아프고 붓고 오한과 발열이 있으면 표를 풀어주고 사기를 없애는 방법으로 치료하고 통증이 심하면 간기를 소통하고 위열을 없애는 방법으로 치료한다.

농이 형성되었지만 터지지 않았으면 그것을 밖으로 배출 시키는 방법으로 치료해야 한다. 새살이 자라지 않고 고름이 멀겋다면 비위를 보양해주는 방법을 써야 한다. 곪아터졌고 고름이 흐르며 오한이 나고 열이 나면 혈과 기를 보양해주어야 한다.

유암 초기이면 익기영양탕에 귀비탕을 합방해 쓰면 간혹 삭아 없어질 수 있다. 만약 기를 운행하고 어혈을 부셔 없애는 처방을 쓴다면 환자의 사망을 초래할 수 있다.

모든 옹저(한의학에서 큰 종기를 두루 이르는 말)의 치료와 유옹을 치료한다. 옹이 생기는 것은 6부의 기가 정상기능을 발휘하지 못하여 양기가 음에 막혀 통하지 못하기 때문에 발생된다.

과루산

과루 1개(껍질과 함께 찧는다), 생감초 5푼, 당귀 3돈, 유향 5푼(등심초에 볶는다), 금은화 3돈, 백지 1돈, 몰약 5푼(등심초에 볶는다), 청피 5푼을 물에 달여 따뜻하게 복용한다.

유옹이 처지지 않은 경우에 이 처방을 복용하면 독이 대변으로 없어져 버린다. 그러나 허약한 사람은 복용하지 말아야 한다.

회맥산

대황 3돈 반, 백지 8푼, 유향 5푼, 목향 5푼, 천산갑 5푼(해합분에 버무려 볶는다)을 함께 가루 내어 인삼 2돈을 달인 물에 타서 복용한다.(일부 책에서는 대황 3돈 대신에 인삼 3돈을 넣었다.)

십전대보탕

인삼, 백출, 황기, 숙지 각각 3돈, 복령 8푼, 천궁 8푼, 금은화 3돈, 감초 5푼을 물에 달여 복용한다.

설사하면 황련, 육과를 가미하고, 갈증이 나면 맥문동, 오미자를 가미한다. 열과 오한이 엇갈리면서 나타나면 마체향(가루 내어)을 가미한다.

무릇 유옹에는 의이인 죽이 효과가 좋다.

이 외에도 오약(연하고 희며 향이 있고 매운 것) 5돈, 다듬어서 물 한 사발에 우피교 1편을 함께 달여 7푼이 되면 따뜻하게 복용한다. 임산부가 뱃속에 옹이 생긴 경우라면 이 두개의 처방을 모두 사용할 수 있다.

또 유취(유옹을 다르게 이르는 말로 취유, 취내라고도 한다.)가 있는데 소아가 젖을 빨 때 입김으로 생기며 젖이 나지 않으며 몽우리 진것이 가 엉키고 아프다. 급히 치료하지 않으면 옹이 생기게 되는데 과루산을 급히 복용하고 또 손으로 주물러 주어 흩어져버리게 한다.

(42) 풍증이 심한 경우

색깔이 신선한 산양의 피를 받아 새 기왓장에 말리고 가루를 낸다. 그리고 이를 오래 묵인 술에 5~6푼을 타서 복용한다. 병이 중한 경우는 8푼까지 쓸 수 있다. 또 알을 품었으나 아직 깨지 않는 계란을 기와에 말리고 술에 타서 복용한다.

허한증이 중하면 임수자의 뿌리(껍질을 긁어버리고)를 새 기왓장에 말려 가루 내어 1돈을 따뜻하게 복용한다. 비록 병이 위중하여도 만전을 기할 수 있다.

(43) 말을 못하는 경우

어혈이 심에 엉켜있으면 심기가 막혀 통하지 못하므로 혀가 뻣뻣하고 말하지 못한다. 이 증상은 칠진산으로 치료한다.

칠진산

인삼, 석창포, 천궁, 생지 각각 1냥, 진사 5푼, 방풍 1돈, 세신 1돈을 보드랍게 가루를 낸다. 그리고 이를 박하를 달인 물에 1돈을 타서 복용한다.
담이 뭉치고 엉켜 말하지 못하는 경우는 질이 좋은 명반 1돈을 물에 넣어 위에 뜬 것을 버리고 뜨거운 물에 타서 복용한다.

이외에도 산후에 말하지 못하는 경우를 치료한다. 인삼, 석련자(속을 빼버린다), 석창포를 각각 등분하여 물에 달여 복용한다.

옛 문헌에서는 산후에 말하지 못하는 것은 심과 신기가 허하여 소리를 내지 못하기 때문이라고 했다. 그래서 이 경우에는 칠진산으로 치료해야 한다. 또한 비장의 기가 뭉치고 엉키면 귀비탕을 쓰며 비장이 손상을 받아 음식을 많이 먹지 못하면 사군자탕을 써야 한다.

기와 혈이 모두 허하여 팔진탕을 써도 효과가 나지 않으면 독삼탕을 사용해야 한다. 그러나 부자를 급히 가미해서는 안 된다. 불수산과 같이 어혈을 부수어 없애는 약만 쓰는 것도 틀린 방법이다.

4. 보충

(1) 대변이 배설되지 않는 경우

산후에 대변이 배설되지 않으면 생화탕에서 건강을 빼버리고 마자인을 가미한다. 그리고 배가 팽창하면 진피를 가미한다. 혈괴가 있고 아프면 육계, 원호를 가미한다. 대변이 굳은 지 열흘이 넘으면 항문에 건조한 대변이 막혔기 때문인데 이는 밀조로서 배설시켜야 한다.

⊙ 밀조를 만드는 방법

질이 좋은 꿀 2~3냥을 갈색이 나도록 달인다. 먼저 밥상을 물로 축인 다음 달인 꿀을 쏟고 손으로 대추 모양을 빚는다. 그리고 이를 항문에 넣는데 대변을 보려할 때면 밀조가 나가면서 대변을 보게 된다.

(2) 계조풍

계조풍이란 경련성 질병을 달리 이르는 말이다. 흔히 간화가 성해지면서 혈맥을 방해하여 근맥이 오그라들면서 발병된다. 주요증상은 몸이 흔들리고 손을 떨며 거동이 불편하고 물건을 쥐지 못한다.

산후에 찾아오는 계조풍은 상시탄 3돈(존성), 어교 3돈, 손톱 12개(볶는다)를 함께 가루 내어 황주에 타서 복용하고 땀을 내면 완치된다.

(3) 부종

온몸이 부종이 생기는 것은 비장이 허하여 수액이 범람하기 때문에 발생
한 것이다. 이 처방은 모든 부종에 사용되는 처방을 이용하면 된다.

진축사인 4냥, 내복자 2냥 4돈(가루 내 물에 담가 즙이 짙어지면 그 즙을 취
한 것)의 즙에 사인을 담가 즙이 다 흡수되면 말려 보드랍게 가루 내
어 매회 1돈씩 복용하며 점차 2돈까지 증가하여 연한 생강탕을 타
서 복용한다.

(4) 보산무우산

당귀 1돈 반(술에 씻는다), 천궁 1돈 반, 후박 7푼(생강즙에 볶는다), 토
사자 1돈 4푼(술에 볶는다), 천패모 1돈(속을 빼버린다), 지각 6푼(가루에
볶는다), 강활 5푼, 형개수(볶는다), 황기 8푼(볶는다), 애엽 7푼(볶는다),
감초 5푼, 백작 2푼(술에 볶는다), 생강 3편을 따뜻하게 하여 복용
한다.

위 처방은 태아를 보호하는 처방으로 매달 3~5번 정도 복용하며 임신
중에는 뜨겁게 복용하면 분만을 촉진하는 작용이 있다.

(5) 보산신효방

이 처방은 임신 중에는 태아를 안정시키고 분만을 촉진한다. 태기를 상
하였거나 허리와 배가 아프며 심지어 출혈이 멎지 않거나 소산되려는 위
급한 경우에 이 처방을 한번 복용하면 낫고 두 번만 복용하면 완치할 수
있다. 분만 시 교골이 열리지 않거나 태아가 가로로 누웠거나 거꾸로 출산
되거나 혹은 태아가 뱃속에서 숨져 임산부의 생명이 위급한 경우에도 복
용하면 특효가 있다.

전당귀 1돈 5푼(술에 씻는다), 자우박 7푼(생강즙에 씻는다), 진천궁 1돈 5푼, 토사자 1돈 5푼(술에 담근다), 천패모 2돈(속을 빼버리며, 따로 달여서 약물에 탄다), 지각 6푼(가루에 볶는다), 천강활 6푼, 형개수 8푼, 황기 8푼(꿀에 볶는다), 기애 5푼(식초에 볶는다), 자감초 5푼, 백작 1돈 2푼(겨울이면 2돈으로 하여 술에 볶는다), 생강 3편을 물 3종지에 달여 8푼 정도 줄어들면 찌꺼기를 버리고 6푼이 되게 더 달인다.

산전이면 빈속에 2첩을 복용하고 임신 중에는 수시로 뜨겁게 복용한다. 〈보산무우산〉과 〈보산신효방〉은 앞서 설명한 산전산후의 치료방법과 같으며, 오직 인용부분만 다르므로 함께 참조하길 바란다.

(6) 사궐

남녀를 막론하고 숨이 넘어가고 맥이 박동하지 않거나 기가 막혀 통하지 않는 것을 사궐이라고 한다.

이때에는 창포를 보드랍게 갈아 코에 넣고 또 육계를 보드랍게 갈아 혀에 발라주면 즉시 정신을 차린다. 혹은 환자의 왼쪽 머리카락끝을 1치(약 3.33cm)의 길이로 잘라 태워서 가루를 낸 다음 참대통에 넣어 양쪽 귀에 불어 넣어도 효과가 있다.

(7) 출생 후 영아의 대소변이 통하지 못하는 경우

영아가 금방 태어나서 대소변이 통하지 않고 배가 팽창하여 숨질 듯하면 급히 산모로 하여금 더운물로 입을 양치질하게 한 후 영아의 앞가슴과 뒷가슴, 배꼽 아래와 손발바닥 등 7곳 정도의 피부를 벌겋게 될 때까지 빨아주게 한다. 이렇게 하면 대소변이 금방 통한다.

(8) 만금불전우선방

산모가 피로하여 분만하지 못하고 위험한 경지에 이르렀으면 아주까리 10알(겉의 껍질을 벗긴다), 명주사 1돈 반, 웅황 1돈 반, 사퇴 1자(재가 되지 않을 정도로 태운다)를 죽물에 작게 환을 빚는다.

우선 산초열매를 달인 물로 배꼽과 그 아래부위를 씻어주고 환약 1알을 배꼽에 충분히 붙인 다음 넓은 천으로 동여맨다. 만약 태아의 머리가 보이면 약을 급히 제거한다.

(9) 임성단

분만이 시작되고 위급한 경우는 한수석 4냥을 취하여 2냥은 생것으로 2냥은 불에 달군다. 함께 보드랍게 가루 낸 다음 또 주사 5돈을 넣고 함께 연마하면 짙은 복숭아꽃 색깔을 띠는데 매번 3푼씩 우물물에 연한 죽처럼 버무린다. 그런 다음 종이를 살구나무 잎만큼 크게 하고 그 위에 약을 펴서 배꼽중심에 붙인다. 마르면 바꾸어주는데 3번이면 분만한다.

태아가 거꾸로 위치한 경우와 사태인 경우에도 효과가 있다.

(10) 거꾸로 분만되는 경우

태아가 거꾸로 위치하였으면 발이 먼저 나오는 위급한 상황이 발생하게 된다. 그것은 태아가 뱃속에서 미처 돌아눕지 못했기 때문에 발생한 현상이다. 이때는 조금만 지체하여도 산모와 아이가 모두 사망할 수 있다. 그러므로 이런 경우에는 길쌈바늘로 태아의 발 중심을 3~5차례 정도 찌르고 침 자리에 소금물을 조금 발라주면 출산된다.

또 소금을 태아의 발바닥에 바르고 손가락으로 긁어줌과 동시에 산모의 배도 소금으로 마찰시킨다.

(11) 산후 혈훈으로 인한 인사불성

산후에 혈훈으로 인사불성이 되고 위독한 경우는 산모를 눕히지 말고 앉혀서 직접 등을 받쳐준다. 그리고 진한 식초에 불붙는 목탄을 집어넣고 그 증기를 훈증하여 식초의 증기가 코로 들어가게 한다. 그런 다음 화예석 가루 1돈을 어린아이 오줌에 타서 복용시킨다.

만약 이빨을 악물고 벌리지 못하면 입을 벌리고 약을 부어넣으면 의식회복에 바로 효과를 보게 된다. 또 질이 좋은 울금(재가 되지 않도록 태운다) 2돈을 진한 식초에 타서 부어 넣어도 효과가 금방 나타난다.

(12) 산후 중풍

산모가 중풍으로 인사불성이 되고 거품과 침을 토하며 손과 발에 경축이 생기면 당귀신, 형개를 등분으로 가루 내어 매회 2돈씩 물 1잔에 술을 조금 넣고, 어린아이 오줌을 조금 타서 7푼 정도 되게 달여 넘기면 낫는다.

(13) 개에게 물린 경우

개의 오장에 독이 침범하여 광견병에 걸린 개에게 물리면 거의 살아남기 어렵다. 이 처방은 개에게 금방 물렸을 경우에 급히 사용한다.

> 양금화, 구시초, 태택란, 고교두, 모초근, 남포군(모두 초약이다) 각 3~4 돈, 술을 넣어(어린아이인 경우는 약의 복용량을 줄이고는 임산부는 금한다) 1첩을 복용하면 낫는다.

만약 개에게 물린 시간이 오래되어 독이 심(心)으로 들어가면 통증이 심해지고 배가 팽창하고 거품을 토하게 된다. 이때 아래 처방을 급히 쓴다.

생대황 3돈, 마전자 2개(재가 되지 않을 정도로 불에 달군다), 진품사향 1푼을 함께 가루 내어 남포군을 달인 물에 타서 복용한다.

상처에는 담두시를 가루 내어 참기름에 타서 떡을 만들어 상처에 붙인다. 약을 바꿔줄 때는 상처를 보아 속에 개의 솜털이 보이면 독이 이미 빠져나간 것을 의미한다. 여러번 붙이면 효과가 크며, 만약 낫지 않으면 창양과 궤양문의 방법에 따라 치료해야 한다.

탕제별 찾아보기

식품 원재료 구분표

다음 장에 부록으로 제시하는 200여종에 이르는 한약재 목록은 식품으로 분류된 식품의 주원료또는 부원료로써 사용이 가능하다. 이는 식약청 〈식품공전〉 및 식약청 웹사이트 〈식품 원재료 리스트〉에서 검색이 가능하다.

(자료수집처 : 식품의약청안전청)

원재료 및 이명	한약명	효능
오갈피. 번오가, 자괴봉	가시오가피	비장, 신장, 관절염, 신경쇠약, 면역력강화
가지, 까지, 과채	가자	혈중 콜레스테롤 저하, 종창, 해열
칡뿌리, 야갈	갈근	발열, 두통, 소갈증, 이질, 설사, 중이염
칡덩굴, 칠기	갈근	항강, 구갈, 발열, 두통, 설사, 고혈압
들국화, 절화, 황국	감국	혈압강화, 항바이러스, 두통, 이뇨작용
검화, 개련, 가시연밥	감인	수색, 습색, 강장약
국로, 미초	감초	윤폐, 익정, 양기, 청열, 해독, 거담
도금, 울금	강황	어혈제거, 생리통
생강, 백강, 균강, 새앙, 새양	건강	건비, 개위, 한비, 풍습지, 심복냉통
밤, 판율, 율과	건율	호혈, 상혈작용
생지황, 숙지황	건지황	자음, 양혈, 보신, 온중, 하기, 강근골
결명씨, 결명초, 야녹두	결명자	자궁수축, 야맹증, 변비, 동맥경화 예방
육계, 계피	계지	위장강화, 강심작용, 중풍예방, 감기
계주, 자주, 대주	계피	진정, 진통, 해열, 소화작용
여주	고과	혈당강하, 당뇨, 고혈압
돌반향, 승나물, 미경	고본	두통, 감기, 진통, 진경, 통경약
다시마	곤포	갑상선기능 조절, 강장작용, 혈압강하
배초향	곽향	방향, 비장, 위, 폐에 작용
애기수영, 소산모	괴싱아	이뇨, 발한, 치질, 폐결핵
메밀	교맥	혈압강하제, 동맥경화방지
구기자열매	구기자	자보간신, 윤폐, 익정, 명목, 보수, 허로
구일초, 선모초, 들국화	구절초	생리통, 생리불순, 불임, 부인 냉증
귀갑, 남생이	구판	자음강화, 보심양혈, 음허혈열
화살나무, 참빛나무, 홀잎나무	귀전우	타박, 어혈, 생리불순, 항암, 진통, 구충

감귤껍질, 등피	귤피	소화촉진, 천식, 항궤양, 건위
장미, 백옥대, 하산호	금앵자	항균작용, 보신, 익간, 삽장, 지사, 고정
인동화	금은화	용혈, 해독, 청서, 보허, 소풍, 양혈
병꽃풀, 여전초	금전초	진통제, 식욕촉진제, 소화제, 해열제
도라지, 제니, 고경	길경	폐질환, 해열, 항염증 작용, 혈압강화
무씨, 내복자	나복자	건위, 황달, 흉민복착, 식적, 아치통
갈대, 달, 갈	노근	구갈, 가래, 폐열로 인한 해수, 곽란
사슴뿔	녹각	발육촉진, 조혈작용, 요추통, 유정
사슴의 생식기	녹신	온중, 장양, 익정
대각, 용자춘	녹용	보양, 생정, 양혈, 익수, 안태, 간근,
적삼, 산삼, 목양유	단삼	간기능 개선, 진정작용, 항암, 항균작용
압식초, 압척초, 수부초	달개비	당뇨병
대다귀, 조선당귀	당귀	생리불순, 부종, 혈액순환, 조혈작용
엉겅퀴, 가시나물, 항가새	대계근	혈뇨, 소화기출혈, 폐결핵, 혈압강하
대추, 건추, 홍추, 목밀	대조	이뇨, 강장, 불면, 신경과민
팔각향, 박회향	대회향	곽란, 향신료
땅두릅, 땃두릅, 묏두릎	독활	풍습으로 인한 요통
동아	동과자	이뇨, 배농제, 진해, 해독작용
눈꽃동충하초	동충하초	항암, 간보호 효과 및 항스트레스 효과
붉은동충하초	동충하초	자양강장, 자연치유, 항암, 염증억제
노간주나무	두송실	이뇨, 항균작용, 신경통, 류머티즘
들중나무 피	두충	혈압강하작용, 보간신, 익정기, 관절통
들중나무 잎	두충잎	혈압강하작용, 진통작용
쇠비름, 마현, 돼지풀	마치현	충독, 편도선염, 이질, 각기, 나력
산삼, 적삼	만삼	건위, 거담, 조혈작용, 폐허, 소갈, 천해
잔꽃풀	망초	장의 연동운동, 폐와 위의 열내림

겨우살이, 맥동	맥문동	자음, 윤폐, 허로해수, 생진, 화담
곡맥, 얼맥	맥아	소화장애, 비위, 유즙분비
면목자	면화자	지해, 거담작용, 항바이러스, 진통제
참굴, 굴조개	모려	여성들의 대하, 설사
모과	목과	진경, 항이뇨작용
으름, 유름	목통	소염, 이뇨, 통경
미르라	몰약	어혈, 생리통, 산후 복통, 고지혈증
쇠뜨기, 뱀밥, 접속초	문형	이뇨, 항염증, 요도 및, 방광염
다래나무, 미후리	미후도	소갈증, 급성간염, 이뇨, 진통, 황달
양박하, 쓴박하	박하	체질개선, 방향, 이뇨, 건위제
누에, 제강충, 제천충	백강잠	해열, 진경, 거담, 인후종통
조, 속미	백개자	비위허약, 구토설사, 이질
은행	백과	진해, 황이뇨, 항결핵, 온폐, 익기
띠풀, 곰피	백모근	어혈, 이뇨, 항균작용
아마존	백미	해열, 이뇨, 치한
황산알루미늄칼륨	백반	수렴, 소염, 지사, 지혈
측백나무 열매	백자인	장, 소변출혈, 대하, 익기, 사지신경통
함박꽃, 집함박꽃	백작약	양혈조경, 두통, 월경통, 여성강장제
남가새	백질려	동맥경화로 인한 귀울림, 악성 종양
삽주	백출	건위, 난위, 화탁, 화중, 이뇨, 위장염
제비콩	백편두	비위 기능 강화, 설사, 대하, 구토, 소갈
은초롱, 새조롱, 곱뿌리	백하수오	자양강장, 보혈, 신정, 병후 사지허약
백복령, 적복령	복령	강장, 이뇨, 진정
복분자딸기, 곰의딸	복분자	비뇨, 생식기계통, 간신허로 시력약화
복분, 오포자, 산딸기	복분자	이뇨, 비뇨, 생식기계통, 간기능활성
봉아출	봉출	행기, 파혈, 소적, 화식, 지통, 해독

비파나무	비파엽	건위, 진해, 이뇨, 주독에 효과
수세미오이, 만과	사과락	진해거담, 만성 기관지염, 위축성비염
양유근, 산해라	사삼	진해, 거담, 강장, 천식, 폐, 소변불리
뱀도랒, 진득개미나리	사상자	음부양통, 신경통, 적백대하, 신양
축사	사인	조중요약, 건비위, 소화불량, 식욕부진
백리향, 지초	사향초	진해, 구풍, 방취제, 살균제
산사나무 열매	산사	비장과 위장, 어혈, 혈압강하
홍조피, 계족, 약조	산수유	간, 신장, 간기능 약화로 시력저하
마, 서여, 산우	산약	자양강장, 병후쇠약, 비위, 소갈
초조인, 생조인, 조인	산조인	진정, 신경쇠약, 인후염, 산후열, 흉요통
조피나무, 좀피나무	산초	건위, 항균, 구충, 온중지통
백화련, 백두옹, 백면골	삼백초	동맥경화예방, 풍독, 이뇨, 고혈압
전칠, 전칠삼	삼칠근	자보강장, 항피로, 혈압강하, 면역기능
겨우살이, 기생목, 유기생	상기생	혈압강하, 이뇨, 항균작용
뽕나무뿌리, 껍질	상백피	해열, 진해, 행수소종, 토혈, 황달, 빈뇨
뽕나무 열매, 오디	상심자	이뇨, 소염, 혈압강하, 중풍예방
뽕잎	상엽	거풍, 청열, 명목, 두통, 구갈
뽕나무 가지	상지	이뇨, 소염, 혈압강하, 중풍예방
지황뿌리	생지황	청열생진, 양혈, 지혈, 건위, 살균
수박	서과	이뇨, 화상치료, 구갈, 부종
흑두, 검은콩	서리태	노화억제, 신장, 간장기능강화
미국삼, 화기삼	서양삼	위장병, 항피로회복, 자양강장
진주모, 전복조개	석결명	간화를 내림, 염증성질환
석류, 산석류	석류자	설사, 혈변, 탈홍
창포, 수창포	석창포	진정, 진통, 풍습관절염, 십이지장궤양
들국화, 옷풀	선복화	거담작용, 천식, 기관지염, 소화불량

차조기, 자소엽, 소자	소엽	외감, 오한, 두통, 민물고기독, 구토
애기둥굴레, 각씨둥굴레	소옥죽	고갈, 열병으로 인한 음기손상, 당뇨
회향	소회향	온신, 이기, 화위, 건비
토속단, 조소, 한속단	속단	보간신, 파어혈, 칠상, 풍습비, 요슬
소나무 잎	송엽	소화불량, 강장제
소나무 줄기	송절	관절염
송화가루	송화분	동맥경화
감노차	수국	당뇨 환자의 음료
미나리, 수영, 경엽	수근	부종, 강장, 해독
지황뿌리	숙지황	혈당저하, 이뇨, 항균작용, 자양강장
명일엽, 신립초	신선초	천식, 이뇨, 변비, 악성빈혈
흰들버섯	아가리쿠스	항암, 혈압강하, 혈당강하, 항열전
아욱	아욱씨	이뇨, 변비완화제
양총	양파	고혈압, 당뇨
취저소	어성초	강심작용, 이뇨작용, 항균작용
연밥	연자육	양심, 안심, 익신, 보비
찔레나무, 자매화, 들장미	영실	관절염, 풍습, 강장, 불면, 정력감퇴
영지버섯, 불로초, 영지초	영지	진정, 진통, 강심작용, 혈압강하, 거담
오갈피, 오화	오가피	요슬통, 강심작용, 강장작용
훈매, 매실, 흑오매	오매	거담, 항균, 간, 비, 폐, 대장, 식욕부진
개오미자, 복오미자	오미자	진해, 수렴, 지사, 자양, 강장
옥발, 옥수수수염	옥촉서예	이뇨작용, 혈압, 혈당, 지혈 작용
원육	용안육	보익심비, 양혈안신, 강혼, 비혼, 건망
쇠무릎, 쇠물팍, 우슬, 마청초	우슬	각기, 정혈, 관절염, 신경통, 어혈, 타박
산앵두나무, 이스라지	욱리인	이뇨, 변비, 소화촉진
구름버섯, 운지버섯	운지	만성간염

봉아무, 봄울금, 심황	울금	방향성 건위약, 통경약, 코피, 토혈
애기풀, 아기풀	원지	안신, 익지, 거담, 해울, 익정, 보음
달맞이꽃, 월견초	월견자	고지혈증, 고열, 당뇨, 고혈압
코나무, 참느릅나무	유근피	비위, 신장, 비염
육두관	육두구	비장과 위 대장에 작용
울미, 율미	의이인	이뇨, 배농, 소염, 진통, 자양, 신경통
야천마, 육모초	익모초	생리불순, 월경통, 냉대하, 산후 어혈
익지의 열매	익지인	신양, 심기허, 복중냉통, 구토
인동덩굴, 인동등	인동	폐, 위, 심, 인후염, 편도선염, 대장염
백삼, 혈삼	인삼	피로회복 및 체력증진, 빈혈, 심장쇠약
인진호, 애탕쑥	인진	치열, 이뇨, 황달, 복통, 구충
지초, 차근, 주치	자초	건위, 자양, 강장, 황달, 임질
제비꽃, 장수꽃, 오랑케꽃	자화지정	청혈해독, 인후염, 황달성간염
남사삼, 딱주, 선주	잔대	거담, 기침, 천식, 식중독
장뇌삼	장뇌삼	항암, 심장강화, 간기능강화, 강장
노루귀, 삼각초, 파설초	장이세신	위장병, 진해, 진통, 혈압강하
제령	저령	이뇨, 청혈
가중나무, 저근피	저백피	이질, 치질, 장풍
닥나무 열매	저실자	비, 간, 신, 음허
오리목	적양	산후지혈, 위장, 지혈, 간염
함박꽃	적작약	청혈, 양혈, 소종, 치루
다닥냉이	정력자	해수, 천식, 가래, 폐결핵, 폐농양
몽정향, 정자향	정향	심복냉통, 풍한습비, 비위허한
대나무 잎, 죽순	죽엽	소갈증
광귤나무 열매	지각	기혈순환, 거담
귤껍질	진피	소염, 진통, 진해, 거담

차가버섯	차가버섯	항암작용
질경이, 하마초, 길짱구	차전자	거담 및 이뇨제로 쓰임
도꼬마리	창이자	갑상선, 축농증, 류머티즘, 진경, 진정
궁궁이, 심산천궁	천궁	두통, 외감성으로 인한 오한, 발열
수자해좃	천마	거풍, 두통, 훈현, 건망, 요통, 반신불수
홀아지좃, 명천동	천문동	진해, 완화, 해열, 거담, 강장, 해수
잡화추, 일본화추	천산화추	해수, 천식, 괴혈병, 폐결핵
감귤	청피	소화력증진, 위통, 간염, 위염, 유방암
개사철쑥, 큰꽃사철쑥	청호	혈압강하, 진해, 거담, 천식
파	총백	복부냉증, 소화불량, 맥박 미약
측백나무 잎	측백엽	양혈, 지혈, 거담, 진해
산치자	치자	사화, 청열, 해독, 삼초에 열을 내림
침향	침향	진정, 소화, 정력, 조루
지삼, 쉽싸리, 지순	택란	혈행을 돕고 어혈, 부종, 부인병, 요통
새삼	토사자	강장, 강정, 토혈, 각혈, 황달
절패모	패모	청열, 화담, 진해, 기침, 가래
마타리, 가얌취	패장근	어혈, 진경, 항균작용
마디풀, 옥메듭, 돼지풀	편축	지혈, 신장 및 방광결석, 소화기출혈
민들레, 황하지정	포공영	유방염, 인후염, 복막염, 간염, 황달
서미	필발	구토, 설사, 편두통, 비위에 작용
꿀방망이, 가지골나무	하고초	간담화, 자궁염, 이뇨, 해열, 갑상선종
며느리배꼽, 참가시덩굴	하백초	설사, 이질, 피부병
한련화	한련	부종, 빈혈, 습진
한수석	한수석	청열사화
퉁퉁마디	함초	숙변제거, 비만치료, 고혈압, 저혈압
엄나무 껍질	해동피	위장, 간, 신장에 작용, 허리, 무릎동통

잣, 송자, 실백	해송자	거풍작용, 관절염, 기침
살구씨	행인	진해, 항종양, 해수, 천식, 인후염, 두통
노야기, 석향유	향유	치열, 산열제, 곽란, 복통, 토사, 가기
이질풀, 개발초, 서장초, 오엽초	현초	지사제, 수렴, 지사, 치질, 종기
서실, 강개	형개	발한, 구풍, 해열, 감기
호도나무, 호도육	호도인	자양강장, 감기, 치질
큰노랑꽃자리	호로파	인후염, 좌욕제로 쓰임
참깨, 흑지마, 지마	호마	노화방지, 강장작용, 항암, 간장해독
후추, 부숙	호초	소화, 구토, 곽난, 건위작용
인삼 찐 것, 홍삼	홍삼	부신피질자극, 강심, 성기능촉진
홍화씨, 홍화인	홍화자	동맥경화예방, 관절염, 요통, 골절
속썩은 풀, 황금채	황금	소염성 해열, 혈압, 동맥경화증 치료
단녀삼	황기	혈붕, 허손, 소갈, 자한, 보기, 생기
진황정, 대잎둥굴레	황정	자양강장, 폐렴
진득찰, 희렴	희첨	관절염, 혈압, 간염, 요슬무력

고질적인 **부인병** 쉽게 해결하기

지은이 | 남산 스님
펴낸이 | 배기순
펴낸곳 | 하남출판사

초판1쇄 발행 | 2006년 8월 15일
등록번호 | 제10-0221호

서울시 종로구 관훈동 198-16 남도BD 302호
전화 (02)720-3211(代) | 팩스 (02)720-0312
홈페이지 http://www.hnp.co.kr
e-mail : hanamp@chollian.net, hanam@hnp.co.kr

ⓒ 남산 스님, 2006

ISBN 89-7534-184-4(03690)